DANS LA MÊME COLLECTION

La philosophie de Thomas d'Aquin, par Ruedi Imbach et Adriano Oliva, 2009.
La philosophie de Francis Bacon, par Michel Malherbe, 2011.
La philosophie de Bergson, par Anne-Claire Désesquelles, 2011.
La philosophie de Nelson Goodman, par Jacques Morizot et Roger Pouivet, 2011.
La philosophie de Raymond Ruyer, par Fabrice Louis et Jean-Pierre Louis, 2014.
La philosophie de John Dewey, par Stéphane Madelrieux, 2016.
La philosophie de Descartes, par Denis Moreau, 2016.
La philosophie de Kant, par Antoine Grandjean, 2016.
La philosophie de Hobbes, par Philippe Crignon, 2017.
La philosophie de Schelling, par Patrick Cerutti, 2019.
La philosophie de Wittgenstein, par Mélika Ouelbani, 2019.
La philosophie de Sartre, par Philippe Cabestan, 2019.

A paraître
La philosophie de Fichte, par Laurent Guyot.

LA PHILOSOPHIE
DE NIETZSCHE
REPÈRES

COMITÉ ÉDITORIAL

Thomas BÉNATOUÏL
Éléonore LE JALLÉ
Alexander SCHNELL

REPÈRES PHILOSOPHIQUES

Directrice : Éléonore Le Jallé

LA PHILOSOPHIE
DE NIETZSCHE

REPÈRES

par
Blaise BENOIT

PARIS
LIBRAIRIE PHILOSOPHIQUE J. VRIN
6 place de la Sorbonne, V^e
2019

En application du Code de la Propriété Intellectuelle et notamment de ses articles L. 122-4, L. 122-5 et L. 335-2, toute représentation ou reproduction intégrale ou partielle faite sans le consentement de l'auteur ou de ses ayants droit ou ayants cause est illicite. Une telle représentation ou reproduction constituerait un délit de contrefaçon, puni de deux ans d'emprisonnement et de 150 000 euros d'amende.

Ne sont autorisées que les copies ou reproductions strictement réservées à l'usage privé du copiste et non destinées à une utilisation collective, ainsi que les analyses et courtes citations, sous réserve que soient indiqués clairement le nom de l'auteur et la source.

© *Librairie Philosophique J. VRIN*, 2019
Imprimé en France
ISSN 2105-0279
ISBN 978-2-7116-2930-5
www.vrin.fr

À Corinne

J'adresse tous mes remerciements à Michel Malherbe, qui m'a proposé d'écrire ce livre, et à Denis Moreau, pour ses conseils. Michel Malherbe a relu les versions successives de l'ensemble du manuscrit ; Michel Renard et Isabelle Melin-Renard ainsi que Jacques Ricot ont relu la deuxième partie : ce travail m'a été d'une grande aide.

ABREVIATIONS PRINCIPALES

A	*Aurore*
AC	*L'Antéchrist*
APZ	*Ainsi parlait Zarathoustra*
CI	*Crépuscule des idoles*
CW	*Le cas Wagner*
DD	*Dithyrambes de Dionysos*
DS	*David Strauss, l'apôtre et l'écrivain* (première *Considération inactuelle*)
ÉA	*Écrits autobiographiques*
EH	*Ecce homo*
FP	Fragment posthume, suivi de l'année de rédaction et du numéro du fragment
GM	*Généalogie de la morale*
GS	*Le gai savoir*
HTH	suivi du numéro du volume : *Humain, trop humain*. Le deuxième volume contient deux sections : « Opinions et sentences mêlées » (OSM) et « Le voyageur et son ombre » (VO)
NCW	*Nietzsche contre Wagner*
NT	*La naissance de la tragédie*
PBM	*Par-delà bien et mal*
PETG	*La philosophie à l'époque tragique des Grecs*
SE	*Schopenhauer éducateur* (troisième *Considération inactuelle*)
UIHV	*De l'utilité et des inconvénients de l'histoire pour la vie* (deuxième *Considération inactuelle*)
VMSEM	*Vérité et mensonge au sens extra-moral*
WB	*Richard Wagner à Bayreuth* (quatrième *Considération inactuelle*)

LA VIE DE NIETZSCHE

Si, dans son œuvre, Nietzsche n'a eu de cesse de valoriser la vie, aussi terrible qu'elle puisse être, il a pour sa part mené une existence très rude, marquée par la solitude et la maladie, jusqu'à la chute finale dans la folie.

Une vocation en déplacement (1844-1869)

Friedrich Wilhelm Nietzsche naît le 15 octobre 1844 à Röcken, au sud-ouest de Leipzig, dans une famille luthérienne. Son père Karl Ludwig est pasteur ; sa mère Franziska est fille de pasteur. Au domicile familial, vivent également la mère et les deux sœurs de Karl Ludwig : respectivement Erdmuthe, Augusta et Rosalie. Friedrich est le frère aîné d'Élisabeth, née le 10 juillet 1846, et de Joseph, né en février 1848. Malheureusement, le foyer est rapidement touché par deux tragédies : le père décède le 30 juillet 1849 ; le benjamin, Joseph, en février 1850. Il faut alors quitter le presbytère de Röcken puis emménager à Naumburg, en avril 1850. Mais, à nouveau, la mort frappe : Augusta s'éteint en 1855 ; Erdmuthe, en 1856. Tout en restant à Naumburg, la famille se disperse. Rosalie part vivre de son côté, Franziska déménage avec ses deux enfants. Le jeune Friedrich vit désormais avec sa mère et sa sœur.

À l'âge de douze ans, Nietzsche débute la rédaction d'un journal intime. Dans ces textes, l'enfant, l'adolescent, puis le jeune adulte reviennent sur les premières années et donc sur les drames passés, régulièrement et avec pudeur. Durement ressentie, la mort du père inaugure une série de décès rapprochés, forcément déstabilisants, qui le poussent à cultiver la solitude (ÉA, p. 21-22). Friedrich noue cependant amitié avec Wilhelm Pinder et Gustav Krug. Ce trio suit le même parcours scolaire à Naumburg si bien que le jeune Friedrich, déjà très proche de sa mère et de sa sœur, n'est pas complètement isolé. Nietzsche fréquente ainsi l'école communale, l'équivalent de l'école primaire (1850-1851), puis un institut privé (1851-1854), préparatoire au *Domgymnasium*, le lycée de la cathédrale (1854-1858).

Il intègre ensuite le Collège royal de Pforta (1858-1864), situé près de Naumburg. Interne, il souffre de l'éloignement vis-à-vis du foyer familial. Dans cet établissement aux règles de vie strictes, il parvient cependant à bien s'entourer. Il se lie d'amitié avec Paul Deussen (1845-1919), qui deviendra un spécialiste réputé de sanscrit et de philosophie indienne, et avec le baron Carl von Gersdorff (1844-1904), esprit ouvert passionné de musique. Dans cette prestigieuse institution, il reçoit une formation de premier plan. Il approfondit l'étude du latin et du grec et développe de belles aptitudes philologiques. Même s'il déploie peu d'appétence en langues vivantes et en mathématiques, ses professeurs sont sensibles à l'acuité de ses analyses. Il s'illustre en effet tout particulièrement dans l'étude des langues anciennes, et manifeste un intérêt personnel pour l'histoire et la littérature. Il obtient le baccalauréat en 1864.

À Bonn (1864-1865), Nietzsche débute son parcours universitaire par des études de théologie. Cependant, dès le 2 février 1865, il écrit à sa mère pour lui apprendre qu'il se réoriente vers les études de philologie classique. Nietzsche fait alors la connaissance de Hermann Mushacke (1845-1906), qui étudie la germanistique et la philologie à l'Université de Bonn. Quand Gersdorff et celui-ci choisissent de continuer leurs études à Leipzig, il décide de les suivre (1865-1869). Nietzsche y côtoie Erwin Rohde (1845-1898), étudiant dans cette université en 1866-1867, dont il apprécie la curiosité intellectuelle. Mais il doit momentanément interrompre ses études car son service militaire débute à Naumburg en octobre 1867. Cependant, en mars 1868, il se blesse à cheval et sa santé est altérée durant plusieurs mois. Il est libéré en octobre 1868 et retourne donc à Leipzig.

Dans les Universités de Bonn puis de Leipzig, Nietzsche suit l'enseignement de philologie proposé par Friedrich Wilhelm Ritschl (1806-1876). Ce professeur captivant, qui sait éveiller l'esprit critique, détecte d'éminentes qualités de rigueur et d'intuition chez cet étudiant. Il lui permet de publier ses recherches consacrées à Théognis de Mégare (1867) et Diogène Laërce (à partir de 1868) dans sa revue, le *Rheinisches Museum für Philologie* (Musée rhénan de philologie). Nietzsche est désormais en route vers une carrière de philologue.

Durant ces années de formation, Nietzsche est en quête de sa véritable vocation. C'est tout d'abord l'appel de la musique qui est très vivement ressenti. Il éprouve la même passion que son père, pianiste doué (ÉA, p. 17, à propos de son père : « Il avait beaucoup d'adresse au piano, les variations libres lui réussissaient particulièrement »), et progresse rapidement. Il devient capable de jouer des sonates de Beethoven. Prendre progressivement conscience que son talent ne lui permet pas de composer à un haut niveau est douloureux. Toute sa vie durant, sa joie culmine dans l'improvisation, seul, au piano.

Le jeune Friedrich souligne la dimension religieuse de la musique (ÉA, p. 37 : « Dieu nous a donné la musique pour que nos regards se tournent d'abord vers le ciel. »). Fils de pasteur, élevé par une mère très pieuse, la foi de son enfance est sans distance. Franziska le pousse à devenir pasteur à son tour. Adolescent, il considère en 1859 que la religion « est le fondement de toutes les sciences » (ÉA, p. 81) et réaffirme en 1861 qu'« un être supérieur dirige toute créature, prévoit toute chose et lui donne sa signification » (ÉA, p. 98).

En 1862, dans un bref essai intitulé *Fatum et histoire*, Nietzsche valorise néanmoins l'ambition de se défaire des préjugés de notre enfance relatifs à la religion et au christianisme tout en reconnaissant que cette libération est la tâche d'une vie (ÉA, p. 189). De plus en plus, fort des méthodes assimilées à Pforta, c'est en philologue qu'il aborde la religion. Par exemple, il revient sur son année universitaire à Bonn en ces termes : « Un moment, mon travail à l'université se porta vers la critique des Évangiles du point de vue de la philologie et la recherche des sources de l'Ancien Testament » (ÉA, p. 174).

Mais la philologie ne trouve grâce à ses yeux que si elle est animée par un véritable souffle philosophique. Ainsi, en 1865, la lecture de l'œuvre majeure d'Arthur Schopenhauer (1788-1860), *Le monde comme volonté et représentation* (1818), fournit le questionnement radical du monde qui manquait encore. Leipzig est ainsi pour Nietzsche la ville dans laquelle Schopenhauer « s'est emparé de [s]on âme » (lettre à Mushacke de la mi-juillet

1867). La lecture de l'ouvrage de Friedrich Albert Lange (1828-1875), *Histoire du matérialisme et critique de son importance à notre époque* (1866), l'année même de sa parution, aide Nietzsche à articuler les pensées de Kant (1724-1804) et de Schopenhauer (lettre à Gersdorff de la fin août 1866) : « Kant, Schopenhauer et le livre de Lange – qu'ai-je besoin de plus ? » (lettre à Mushacke de novembre 1866). C'est également à partir de l'*Histoire de la philosophie moderne* (1860) de Kuno Fischer (1824-1907) que Nietzsche a accédé à la pensée de Kant mais, parmi les grands philosophes, c'est bien Schopenhauer que Nietzsche a lu de près. Son enthousiasme n'est pourtant pas sans réserves. En effet, une dizaine d'années plus tard, Nietzsche précise utilement que « *dès le début* », il a éprouvé de la « méfiance pour le système » de Schopenhauer (FP 1878, 30 [9]). C'est la « *personne* » de Schopenhauer, « le *type* du philosophe œuvrant à l'avancement de la culture [*Kultur*] » (*ibid.*, trad. modifiée) qui a impressionné le jeune Nietzsche.

Musique, théologie, philologie et philosophie jalonnent donc cette première période marquée par le *déplacement* des centres d'intérêt. Mais le déplacement n'est pas la dispersion, et encore moins l'errance. Le jeune pianiste qui, à partir de sa formation musicale rigoureuse, se permet d'improviser se retrouve et se prolonge dans le philologue puis dans le philosophe. En Nietzsche, nous le verrons (*cf.* « La pensée de Nietzsche »), l'appel de l'*interprétation* accède à la conscience de soi selon les manifestations suivantes : le pianiste déchiffre la partition et ne peut y être fidèle qu'en la jouant de manière personnelle ; le philologue accueille le texte en reconstituant activement sa signification ; sans se soumettre à un dogme, le philosophe trouve du sens à l'ensemble de la réalité en le construisant de manière originale.

Nietzsche, Professeur de philologie (1869-1879)

Lorsqu'un poste de Professeur de philologie classique est déclaré vacant à l'Université de Bâle, Ritschl recommande chaudement Nietzsche au vu de la qualité de ses publications, alors que ce dernier n'est pas encore docteur. La nomination est officialisée en février 1869. Nietzsche entre brillamment dans la carrière universitaire. Il se consacre très sérieusement à ses étudiants et élèves des classes terminales – son service inclut l'enseignement du grec au *Pedagogium* –, sans pour autant se dissimuler ses doutes vis-à-vis de sa vocation de philologue. Au lieu de vouloir creuser ce sillon, il projetait en effet quelques mois auparavant de rédiger une thèse située à mi-chemin entre philosophie et sciences de la nature, intitulée « Le concept d'organique depuis Kant » (lettre à Deussen, fin avril-début mai 1868). Nietzsche est en quête d'une vision du monde que la rigueur philologique ou la philosophie universitaire ne fournissent pas.

À Bâle, il fait la connaissance de l'historien Jakob Burckhardt (1818-1897), fin connaisseur de l'Antiquité grecque qui stimule sa réflexion sur la culture, de Franz Overbeck (1837-1905), spécialiste du christianisme originaire, et de Heinrich Köselitz (1854-1918), l'un de ses étudiants qui deviendra écrivain et compositeur sous le nom de Peter Gast. Bâle le rapproche de Richard Wagner (1813-1883), rencontré le 8 novembre 1868, qui vit avec la fille du compositeur Franz Liszt (1811-1886), Cosima von Bülow (1837-1930). Leur rendre fréquemment visite à la villa de Tribschen située près de Lucerne, au bord du lac des Quatre-Cantons, est un enchantement pour le jeune professeur bâlois. Musicien et penseur, Wagner est en effet « la plus évidente incarnation de ce que Schopenhauer appelle un génie » (lettre à Rohde du 9 décembre 1868).

Lorsque la guerre franco-allemande éclate, en juillet 1870, Nietzsche se déclare volontaire. Fin août, il sert comme infirmier, au front. La défaite française est consommée le 2 septembre, lors de la bataille de Sedan. Nietzsche tombe malade dès la première semaine de septembre. Il est de retour à Bâle en octobre, marqué par cet épisode.

En 1871, Nietzsche poursuit sa réflexion sur le monde grec, amorcée lors de quelques conférences préalablement données. Il travaille à *La naissance de la tragédie*, qui paraît le 2 janvier 1872. Si Wagner est enthousiaste, Ritschl, tout en demeurant très respectueux de son ancien étudiant, est déconcerté par cet ouvrage qui s'écarte de la philologie classique au profit de la philosophie (lettres de Ritschl à Nietzsche du 14 février et du 2 juillet 1872). En mai 1872, alors que Rohde avait fait paraître une recension élogieuse de l'ouvrage, le monde de la philologie classique réagit avec virulence, en la personne du jeune et brillant docteur Ulrich von Wilamowitz-Möllendorff. Ce dernier signe un pamphlet intitulé *Philologie de l'avenir. Réplique à la Naissance de la tragédie de Friedrich Nietzsche*, dans lequel il enjoint le professeur bâlois, tenu pour un imposteur, d'abandonner sa chaire. La polémique enfle : en juin, Wagner écrit une lettre ouverte à Nietzsche pour le défendre ; en octobre, Rohde rédige à son tour une lettre ouverte à Wagner, lettre largement développée qui prolonge la démarche que celui-ci avait initiée. Wilamowitz répond à Rohde en février 1873. Après ce tumulte, subsiste une évidence : quoique professeur de philologie, Nietzsche ne se définit pas comme philologue. C'est Wilamowitz qui fera une magnifique carrière dans cette discipline.

Nietzsche n'est pas non plus simplement « wagnérien ». Fin avril 1872, Wagner, suivi de sa famille, a quitté Tribschen pour Bayreuth afin de faire ériger le palais des festivals dans lequel ses opéras seront représentés. Éloignement géographique, mais la prise de distance ira croissant. Nietzsche n'est décidément pas doué pour faire allégeance : il malmène les frontières entre les disciplines, il ne cherche pas de mentor mais travaille à « devenir ce qu'il est » (selon la formule de Pindare qu'il affectionne) en questionnant la culture dans laquelle il évolue. En décalage avec son temps, il rédige les quatre *Considérations inactuelles* de 1873 à 1876.

Inactuel (*Unzeitgemäss*) signifie un effort pour s'extraire des évidences contemporaines, sur un mode critique. Dans la première de ces *Considérations*, *David Strauss l'apôtre et l'écrivain* (1873), Nietzsche s'en prend à la culture allemande menacée par le triomphalisme suite à son succès militaire dans la guerre de 1870 : « une grande victoire est un grand danger » (DS, § 1). La deuxième, *De l'utilité et des inconvénients de l'histoire pour la vie* (1874), s'efforce d'assigner la véritable mission, trop peu discutée, des études historiques. Enfin, c'est du côté de la philosophie puis de l'art que les deux dernières *Considérations*, *Schopenhauer éducateur* (1874) et *Richard Wagner à Bayreuth* (1876), cherchent un moteur pour la culture (*Cultur* ou *Kultur*) – sans se soumettre ni à l'une ni à l'autre de ces deux grandes figures. Le projet d'une *Inactuelle* intitulée *Nous autres philologues* demeure donc à l'état d'ébauche.

La période bâloise est marquée par des problèmes de santé grandissants. Maux de tête, vomissements, troubles oculaires sévissent régulièrement, sans oublier les pics momentanés. L'année 1875 est difficile sur ce plan et, début 1876, Nietzsche ne peut assumer sa charge d'enseignement. Son état réclame différents congés successifs. Il n'enseigne plus que par périodes, après de longues interruptions.

À l'automne 1876, Nietzsche part pour l'Italie en compagnie de l'étudiant Alfred Brenner et de Paul Rée (1849-1901). Il a fait la connaissance de ce dernier en 1873 et a lu ses *Observations psychologiques* (1875) avec intérêt. Ce trio est invité par Malwida von Meysenbug (1816-1903), lectrice de Schopenhauer et wagnérienne fervente que Nietzsche a rencontrée en 1872. Elle les accueille dans la villa Rubinacci de Sorrente. Nietzsche découvre le Sud avec enthousiasme. La petite communauté s'adonne à des soirées de lecture en commun. De grands textes – de Platon, des moralistes français, etc. – y sont médités. Nietzsche prépare *Humain, trop humain*, ce livre pour « esprits libres » qui revendique, en référence à Paul Rée, un certain « *Réalisme* » (lettre à Rée de la fin juillet 1878 ; EH, III, « HTH », § 6) coupé de la « métaphysique d'artiste » (NT, « Essai d'autocritique », § 2, 5 et 7) cultivée dans *La naissance de la tragédie*. Il quitte Sorrente en mai 1877 pour une existence désormais plus solitaire.

Humain, trop humain paraît en mai 1878 ; Nietzsche en envoie deux exemplaires à Wagner. À la même période, Nietzsche reçoit le livret de *Parsifal*, ce nouvel opéra de Wagner qui s'oriente vers le christianisme. Entre les univers intellectuels respectifs des deux anciens amis, un gouffre s'est creusé : « Cela ne résonnait-il pas comme deux *épées* que l'on croise ? [...] Incroyable ! Wagner était devenu pieux … » (EH, III, « HTH », § 5). Nietzsche ne cessera de revenir sur ce crève-cœur qu'est la rupture de ses relations avec Wagner. Il est très vraisemblable que c'est – au moins – à lui qu'il pense lorsqu'il rédige ce magnifique hommage à l'amitié contrariée qu'est le § 279 du *Gai savoir*, qui se termine en ces termes : « nous voulons ainsi *croire* à notre amitié d'astres, même si nous devions être mutuellement ennemis sur la terre. » En 1888, dans sa dernière année de lucidité, Nietzsche tente encore d'éclairer ce différend avec *Le cas Wagner* puis *Nietzsche contre Wagner*.

Fragilisé par la maladie, Nietzsche démissionne du lycée de Bâle en février 1878 – sa démission est acceptée début mars. Pour la même raison, il est également autorisé à quitter définitivement l'université en juin 1879. Celle-ci lui accordera des pensions successives, grâce à la vigilance d'Overbeck. Nietzsche l'apatride (depuis 1869), Nietzsche l'Européen était déjà un voyageur. Sans point d'ancrage statutaire, il mène une existence itinérante jusqu'en janvier 1888, en quête d'un climat favorable à sa santé afin de pouvoir poursuivre son œuvre philosophique. Même s'il séjourne fréquemment en Allemagne, c'est principalement sur l'Italie, la Suisse et le sud de la France qu'il jette son dévolu.

Nietzsche, philosophe nomade (1879-1888)

Si la maladie est un frein, Nietzsche la tient également pour l'aiguillon d'une santé à conquérir (HTH, préfaces aux volumes I et II). En lui, les états valétudinaires s'intègrent à une créativité générale si bien que les publications se succèdent. En 1879, paraissent deux appendices à *Humain, trop humain*, « Opinions et sentences mêlées » puis « Le voyageur et son ombre », qui constitueront un deuxième volume à cet écrit. En 1880, il travaille à

Aurore, qui est publié l'année suivante. 1882 est l'année du *Gai savoir*, ce livre solaire qui introduit la pensée à première vue si déroutante d'éternel retour de l'identique (*ewige Wiederkehr des Gleichen*).

Sur le plan affectif, Nietzsche envisage par intermittence de surmonter sa solitude et de se marier. Quelques années plus tôt, il avait fait sa demande à Mathilde Tampredach (le 11 avril 1876), sans succès. Un an plus tard, suite au conseil de Malwida von Meysenbug, il avait envisagé la possibilité générale de prendre épouse, sans que ce projet n'aboutisse. En 1882, Paul Rée et Malwida von Meysenbug souhaitent lui faire connaître la jeune Louise (« Lou ») von Salomé (1861-1937). La rencontre a lieu fin avril. C'est un esprit vif et brillant ; Nietzsche est subjugué, tout comme Rée l'était déjà. Chacun souhaite épouser Lou, qui refuse d'accéder à ces deux demandes. Un trio lié par une camaraderie bienséante se constitue ; les échanges intellectuels durent quelques mois, avant que Nietzsche ne se sente évincé. Sans doute a-t-il pu lutter contre sa peine grâce à sa critique philosophique du mariage (HTH, I, § 426-427 et 436, notamment).

La rédaction d'*Ainsi parlait Zarathoustra* débute fin 1882. Les deux premières parties paraissent successivement en 1883, la troisième en 1884 et la quatrième en 1885. Dans cet ouvrage déroutant, l'étrange Zarathoustra, accompagné d'un aigle et d'un serpent – symboles respectifs de la volonté de puissance et de l'éternel retour –, annonce le surhumain (*Übermensch*). Ce livre au style énigmatique et donc au contenu difficile à fixer a rendu Nietzsche mondialement célèbre. Pourtant, du vivant de son auteur, il n'a connu qu'un succès confidentiel, la quatrième partie étant d'ailleurs publiée à part, à compte d'auteur.

Les publications se suivent, à bon rythme. En 1886 paraît *Par-delà bien et mal*, qui a pour vocation de prolonger *Ainsi parlait Zarathoustra* (lettres à Burckhardt du 22 septembre 1886 et au baron de Seydlitz du 26 octobre 1886). Lors de cette même année, Nietzsche rédige des préfaces à certains de ses précédents ouvrages ainsi qu'un cinquième livre au *Gai savoir*. Comme l'indique le sous-titre, cet « écrit de combat », élaboré et édité en 1887, qu'est *La généalogie de la morale*, est « ajouté à *Par-delà bien et mal*, publié dernièrement, pour le compléter et l'éclairer ». L'année 1888 est rythmée par une rédaction particulièrement prolifique avec *Le cas Wagner*, le *Crépuscule des idoles*, *L'Antéchrist*, *Ecce homo*, *Nietzsche contre Wagner* et les *Dithyrambes de Dionysos*, ces ouvrages – à l'exception du premier – étant publiés ultérieurement. De surcroît, Nietzsche multiplie les projets d'ouvrages : depuis 1885, les fragments posthumes présentent des plans possibles pour un livre intitulé *La volonté de puissance* ; en 1888, est envisagé un *Renversement de toutes les valeurs* qui intégrerait *L'Antéchrist*, ou s'y résumerait.

Cette créativité subit un coup d'arrêt irréversible en janvier 1889.

L'effondrement mental et ses suites (1889-1900)

Début janvier 1889, Nietzsche tombe dans une rue de Turin. Ce n'est pas un simple malaise passager. D'après un récit aussi célèbre qu'invérifiable, on rapporte qu'il se serait écroulé, en pleurs, saisi de compassion pour un cheval battu par un cocher. À la même période, Burckhardt rend visite à Overbeck car il s'inquiète d'avoir reçu une lettre de Nietzsche tout à fait délirante. Overbeck a lui aussi reçu des lettres inquiétantes du même

auteur, il part alors pour Turin. Il y découvre Nietzsche
en état de prostration. En janvier, au terme des lettres
incohérentes qu'il envoie à de nombreux destinataires, ce
dernier signe « Dionysos » ou « Le crucifié ». Nietzsche
converse normalement puis divague soudainement. Les
lésions cérébrales sont patentes. Il ne recouvrera jamais
ses facultés. « Paralysie progressive » est l'expression
utilisée à l'époque pour désigner des troubles mentaux
liés à un facteur externe. On relie fréquemment cette
paralysie à la syphilis, que Nietzsche aurait pu contracter
notamment dans telle ou telle maison close lorsqu'il était
étudiant. Auquel cas, la longueur du temps d'incubation
ne serait-elle pas excessive? L'hypothèse de l'origine
syphilitique ne fait pas l'unanimité, et le mystère de la
provenance exacte de l'aliénation de Nietzsche demeure.

Lors du tournant tragique du début janvier 1889,
Overbeck constitue une aide déterminante. Avec un
accompagnateur, il conduit Nietzsche à Bâle. Celui-ci
y est interné à la clinique psychiatrique Friedmatt le 10
janvier. Overbeck prévient la mère de Nietzsche, qui
souhaite recueillir son fils chez elle. Finalement, le 17,
le malade est transféré à Iéna pour y être hospitalisé dans
un établissement de même type, plus proche du domicile
de sa mère. Franziska Nietzsche souhaite cependant
s'occuper personnellement de son fils. Elle emménage
avec lui dans un appartement à Iéna le 24 mars 1890.
Ils quittent assez rapidement ce logement pour résider
à Naumburg, le 13 mai. Après quelques années, le
20 avril 1897, Franziska Nietzsche décède. La dernière
période de la vie de Nietzsche se déroule à la villa
Silberblick de Weimar, où l'accueille sa sœur Élisabeth,
le 8 août 1897. Devenu progressivement apathique, il y
meurt, victime d'apoplexie, le 25 août 1900. Son corps
est inhumé dans le caveau familial, à Röcken, le 28 août.

De son vivant, Nietzsche a souvent été en difficulté avec ses éditeurs. À sa mort, les problèmes s'amplifient car il laisse derrière lui des manuscrits voués à la publication ainsi qu'une masse considérable de notes personnelles, l'ensemble des fragments posthumes (*Nachlass*). Qui est habilité à faire vivre l'œuvre de Nietzsche après la mort de son auteur ? Overbeck contacte Köselitz mais l'entrée en lice d'Élisabeth complexifie la donne.

Il est usuel de citer cette saillie : « Quand je cherche mon plus exact opposé, l'incommensurable bassesse des instincts, je trouve toujours ma mère et ma sœur » ; « j'avoue que mon objection la plus profonde contre l'"éternel retour", ma pensée proprement *abyssale*, c'est toujours ma mère et ma sœur » (EH, I, § 3). À coup sûr, si Nietzsche a pu nourrir de l'affection pour Élisabeth malgré leurs rapports orageux, il n'a jamais tenu ses aptitudes intellectuelles en haute estime. Un désaveu s'ajoute à cette méfiance. Le 22 mai 1885, elle épouse le Dr. Bernhard Förster, un aventurier antisémite et nationaliste qui tente d'installer une communauté allemande (« *Nueva Germania* ») au Paraguay – avant de se suicider le 3 juin 1889 après avoir monté des opérations financières douteuses. Nietzsche ne peut cautionner pareil projet or Élisabeth suit son mari en Amérique du Sud, début février 1886, et, à la mort de celui-ci, demeure à la tête de la colonie. À ce différend, s'ajoute le christianisme péremptoire et donc la bigoterie de sa sœur. Plus généralement, Élisabeth n'est pas une intellectuelle animée par la rigueur et la probité nécessaires au travail éditorial. Elle n'hésite malheureusement pas à modifier les textes pour les faire correspondre à sa propre idée de l'œuvre de son frère.

Après son retour définitif en Allemagne, en septembre 1893, son importance s'accroît. Elle crée un centre appelé « *Archives Nietzsche* [Nietzsche-Archiv] » en février 1894, dans la maison familiale de Naumburg. En avril, Köselitz est démis de ses fonctions d'éditeur. En septembre, Overbeck refuse de lui succéder. Élisabeth devient propriétaire de l'œuvre de son frère en décembre. Köselitz est réintégré en avril 1900 mais il est désormais soumis aux directives d'Élisabeth. Ensemble, ils vont créer deux éditions fautives d'un livre que Nietzsche n'a jamais écrit, *La volonté de puissance*. Il faudra attendre le travail magistral de Giorgio Colli (1917-1979) et Mazzino Montinari (1928-1986) pour qu'une édition scientifique des œuvres complètes voie le jour.

« Seul l'après-demain m'appartient. Certains naissent posthumes » (AC, Avant-propos).

LA PENSÉE DE NIETZSCHE

Y a-t-il une philosophie de Nietzsche ?

Proposer d'exposer « la philosophie de Nietzsche » pourrait être la marque d'une incompréhension profonde de la pensée de cet auteur. Nietzsche n'est-il pas en guerre contre la plupart des philosophes ? Ne raille-t-il pas fréquemment les prétentions de la philosophie ? À ces réserves majeures s'ajoute le caractère déroutant de ses œuvres : pour ne prendre qu'un exemple, la plus célèbre de celles-ci, *Ainsi parlait Zarathoustra*, consiste en la multiplication d'énoncés énigmatiques, incontestablement plus proche de l'hermétisme poétique que de l'articulation progressive de thèses claires, issues d'une logique préalablement précisée et donc vérifiable à chaque étape du raisonnement. S'efforcer de présenter « la philosophie de Nietzsche » relèverait alors du contresens dans la mesure où ce penseur inclassable tournerait la philosophie en dérision et s'emporterait même assez fréquemment contre elle.

Mieux vaudrait alors prêter attention à « la pensée de Nietzsche », certes alimentée par de grands philosophes tels Platon et Schopenhauer, mais également marquée par l'histoire, la littérature et un certain nombre d'ouvrages scientifiques. Nietzsche a médité la culture sous toutes ses formes à partir de sa formation de philologue, accueillie et remaniée. Il a tenté de penser le monde, sans se préoccuper des exigences méthodologiques propres à la philosophie. À titre d'exemples, Platon a consacré beaucoup de pages de ses célèbres dialogues à la question de savoir comment bien dialoguer, Descartes a rédigé les *Règles pour la direction de l'esprit* et le *Discours de la méthode*, mais Nietzsche a toujours redouté que la démarche réflexive ne produise une pensée appauvrie lorsqu'elle s'oriente vers une pensée universalisable. Il suspecte l'idée même de communication dans la mesure où transmettre ses idées à autrui afin de les partager impliquerait une schématisation synonyme d'affaiblissement du sens (PBM, § 160 ; CI, IX, § 26). Étrange pensée, qui ne se diffuse qu'en optant pour la dissimulation (PBM, § 27 ; GS, § 381) derrière un « masque » (PBM, § 40) et donc pour l'inintelligibilité immédiate. Le lecteur soucieux d'appréhender l'unité des idées de l'auteur et en quête d'une véritable continuité du propos en serait pour ses frais. Nietzsche serait avant tout un styliste dont il faudrait goûter les fulgurances. Rhétoriques, ses textes restitueraient des humeurs évolutives à propos de thèmes très variés, au moyen de procédés d'écriture eux-mêmes très divers. En toute liberté, le lecteur pourrait alors vagabonder d'un paragraphe à l'autre, survoler celui-ci qui laisse de marbre, fuir celui-là qui révolte, s'arrêter sur un autre qui déconcerte ou émeut, dans une succession d'expériences qui sollicitent autant la mémoire affective personnelle que la raison, tout en éveillant l'imagination.

L'œuvre de Nietzsche se réduirait ainsi à un faisceau de pensées foisonnantes, dispersées, qui inviteraient le lecteur à se construire selon un itinéraire personnel de méditation, sans que cependant le succès de l'entreprise soit garanti dans la mesure où de nombreux paragraphes demeurent obscurs, même après une lecture attentive.

Nietzsche proposerait de multiples aperçus ponctuels car « le monde » ne serait qu'une construction artificielle de la raison, qui présumerait de ses forces en cédant à l'illusion d'enclore la réalité multiforme dans l'idée de cosmos – au sens d'un ordre identifiable, harmonieux et finalisé – alors que la réalité est assimilable au chaos (GS, § 109). Voilà pourquoi l'œuvre de Nietzsche abriterait des tensions, des oppositions, des contradictions : autant de termes qui souligneraient non pas l'éventuelle incohérence du cheminement nietzschéen mais bien plutôt l'impossibilité de soumettre totalement « le » monde à des explications logiques. Tout se passe comme si la réalité, dans sa multiplicité et dans ses métamorphoses, résistait structurellement à toute clarification rationnelle. Avec lucidité, il s'agirait donc de présenter l'extrême diversité de ses facettes sans avoir la naïveté d'en rendre raison. Dans ce contexte, penser le monde équivaudrait à déployer les contradictions de celui-ci au lieu de chercher, dans une démarche philosophique, à les fonder sur tel ou tel principe et donc à les résorber.

Telle qu'elle s'expose dans ses œuvres, la pensée de Nietzsche ne peut pourtant se restreindre à la simple juxtaposition, d'un paragraphe à l'autre, de constats de difficultés immédiatement insolubles qui concerneraient aussi bien les plans individuel et collectif que l'ensemble de la réalité. Si l'impression d'une dispersion déroutante peut à première lecture frapper le lecteur, l'idée d'une construction d'ensemble, même difficile à identifier, s'impose assez rapidement. La pensée de Nietzsche est moins le miroir des contradictions du monde, passivement répertoriées, que le regroupement organisé de questions aiguës qui concernent chacun. À l'évidence, cette pensée ne s'agence pas sous forme de système

(CI, I, § 26), c'est-à-dire d'une articulation logiquement réglée d'énoncés distincts qui dessinerait une totalité bien coordonnée, mais sa cohérence et sa force résident dans la constitution du monde en problème. Dans l'ensemble de l'œuvre, on rencontre en effet fréquemment l'expression « le problème de… », ou alors la tournure « comme problème » qui vient s'accoler à tel ou tel substantif (par exemple, « la morale comme problème » en PBM, § 186 ; A, Avant-propos, § 3 ; GS, § 345). Nietzsche souligne ainsi le manque de ressource dont la pensée est victime lorsqu'elle se heurte à un obstacle résiduel, qu'elle ne sait par conséquent surmonter. Plus précisément, si telle ou telle difficulté s'avère ponctuelle et donc susceptible d'être résolue à court ou à moyen termes, un problème est chronique car il est l'indice de la résistance de la réalité vis-à-vis de nos capacités d'analyse et de maîtrise. Dans ce contexte, l'idée de problème ne peut être réduite à un simple paradoxe local qui, momentanément, constituerait un défi stimulant pour la pensée. Nietzsche n'envisage des problèmes distincts (à titre d'exemples : le problème de la vérité, le problème de la valeur, etc.) que dans l'horizon de la saisie du monde lui-même comme problème.

Cette formulation signifie que le monde est non seulement inconnaissable en totalité, mais encore dénué de sens car amoral, producteur d'injustice et de souffrance. Ce véritable chaos n'est pas une idée abstraite, il se vit comme une épreuve existentielle pleine de risques dans la mesure où s'y expérimente son absurdité. Pareille position a déjà été tenue : s'opposant à la vision leibnizienne, Schopenhauer tient ce monde pour « le pire des mondes possibles »[1] or ce pessimisme massif invite au dégoût

1. Arthur Schopenhauer, *Le monde comme volonté et représentation* (noté désormais : MVR), Compléments au Livre IV, chapitre 46,

général, ferment du nihilisme (*Nihilismus*). Nietzsche refuse néanmoins de se complaire dans la déception inhibante, voire mortifère. Il est vrai qu'il envisage l'ensemble de la réalité sous l'angle de ce qu'il nomme le tragique, c'est-à-dire le caractère nécessaire d'une fracture irréductible entre le monde tel qu'il est et l'ordre moral du monde artificiellement créé par le désir illusoire d'harmonie et de moralité. Ainsi entendu, le terme « tragique » déborde la simple lutte perdue d'avance de tel héros fameux contre le destin et ne peut être restreint au registre de la purgation des passions (NT, § 22 ; CI, X, § 5). « Tragique » signifie donc le propre du monde amoral et chaotique, lucidement perçu par l'homme vaillant. Par conséquent, il convient non seulement de se faire à l'idée qu'il n'y a pas de véritable échappatoire (CI, VI, § 8 : « *il n'y a rien en dehors du tout!* »), mais encore de parvenir à aimer le monde en ses moindres détails (GS, § 276), sous peine de céder à l'aigreur la plus vaine. Surmonter les objections les plus légitimes pour parvenir à dire « *oui* à tout ce qui est problématique et même terrible » (CI, III, § 6), en un acquiescement véritablement aimant (EH, II, § 10), plein de force et même débordant de santé (NT, « Essai d'autocritique », § 1), voilà ce qui permet de se définir comme « *philosophe tragique* – c'est-à-dire l'extrême opposé et l'antipode exact d'un philosophe pessimiste » (EH, III, « NT », § 3).

Nietzsche revendique donc pour son propre compte l'appellation de philosophe. Pure provocation, sur fond de dédain profond pour la philosophie comme le laisseraient penser les sarcasmes qu'il multiplie à l'encontre de Platon, le « lâche » (CI, X, § 2) ; de Descartes, le « superficiel »

« Folio essais », Paris, Gallimard, 2009, trad. fr. C. Sommer, V. Stanek et M. Dautrey, p. 2060.

(PBM, § 191); du « phtisique Spinoza » (GS, § 349); de Kant, « le grand Chinois de Königsberg » (PBM, § 210); sans oublier Socrate, caractérisé par sa « *méchanceté de rachitique* » (CI, II, § 4)? Le dossier est néanmoins plus complexe car, par-delà ces saillies et l'impression occasionnelle de dispersion procurée par ses écrits, Nietzsche questionne « le monde », « la réalité », « la vie » – fréquemment tenus pour synonymes – de manière continue, déployant des perspectives renouvelées qui aboutissent apparemment au scepticisme. Mais ce courant de pensée n'est-il pas une philosophie éminente? De surcroît, Nietzsche en reste-t-il au scepticisme? Il apparaît au contraire que, dans son œuvre, il centre ses développements sur le devenir exploré au moyen d'une méthode, le philosopher historique (HTH, I, § 1-2) ultérieurement précisé voire redéfini par l'entreprise généalogique (*Généalogie de la morale*). Cette démarche le conduit à élaborer l'hypothèse de la volonté de puissance (*Wille zur Macht*) à partir de l'accueil de la pensée de l'éternel retour de l'identique, ce par quoi la réalité est éclairée sous un jour nouveau. Ces avancées, quoique fort complexes en elles-mêmes (nous y reviendrons), empêchent de figer Nietzsche dans le rôle du penseur de l'émiettement insurmontable du monde, condamné à des observations ponctuelles, au mieux pénétrantes, mais nécessairement décousues. La philosophie pourrait donc se refuser à une exposition sous forme de système sans céder pour autant à l'inconsistance et à la dispersion (HTH, II, OSM, § 128). À l'inverse, prendre par exemple modèle sur l'enchaînement propositionnel des mathématiques à la manière de Spinoza dans l'*Éthique* relèverait de la « supercherie » (PBM, § 5), c'est-à-dire d'une présentation plus rhétorique que véritablement rigoureuse et qui ne préserve pas de « l'inconséquence » (PBM, § 13). Désireux de rénover la philosophie et non de lui tourner définitivement le dos, Nietzsche est ainsi en quête de philosophes « nouveaux » ou « de l'avenir » (GS, § 289 ; PBM, § 2, 42-44 et 210-212), soucieux d'élévation de la réalité. Il cherche des philosophes aptes à surmonter le nihilisme ambiant non pas au moyen de la mise au jour de quelque vérité indubitable, mais de la production de valeurs fécondes (PBM, § 208-213) pour la culture. La philosophie se redéfinit alors comme exigence axiologique, entreprise dans le but de forger la réalité en artisan ou en artiste. La notion d'interprétation (*Auslegung, Ausdeutung, Deutung, Interpretation*), dotée d'une signification renouvelée, récapitule cette vaste opération.

Pour le dire en une phrase qui servira de fil conducteur au présent ouvrage : *la philosophie de Nietzsche s'efforce de penser la réalité comme dynamique interprétative, afin de produire son élévation.*

De l'unité de la philosophie de Nietzsche

Nietzsche valorise le devenir. Sur des plans distincts, son attachement à Héraclite, son goût pour l'histoire et son intérêt pour la biologie évolutionniste en témoignent. Les variations de son œuvre confirmeraient cette position générale même si, d'un ouvrage à l'autre, tout n'est pas nécessairement bouleversé, qu'il s'agisse du style ou du contenu. Beaucoup de commentateurs ont donc cherché à éviter un double écueil : insister sur l'unité de la philosophie de Nietzsche au point de donner à penser qu'elle serait figée dès son commencement ou au contraire surestimer son évolution jusqu'à la dissoudre en d'innombrables facettes. La découper en différentes périodes est par conséquent une solution fréquemment adoptée. On peut ainsi distinguer les débuts (*La naissance de la tragédie*, les *Considérations inactuelles*) marqués par la dette envers Schopenhauer et Wagner, puis la période principale, dans laquelle Nietzsche s'émancipe de ses maîtres et accueille progressivement ses pensées majeures que sont l'éternel retour et la volonté de puissance (d'*Humain, trop humain* à *Par-delà bien et mal*) et enfin l'ultime montée en tension (de la *Généalogie de la morale* à *Nietzsche contre Wagner*), dans laquelle Nietzsche précise la méthode généalogique mise au service d'une déclaration de guerre à tous les idéaux faussement libérateurs, dans le sillage d'une valorisation du réalisme au détriment de l'idéalisme. Bien entendu, cette division prête le flanc à la critique. Par exemple, *Ainsi parlait Zarathoustra* n'est-il pas un événement radical, impossible à regrouper avec d'autres écrits au sein d'une rubrique homogène, comme Nietzsche le déclare lui-même : « Parmi mes écrits, mon *Zarathoustra* occupe une place à part » (EH, Avant-propos, § 4) ? Il convient donc de concéder que la distinction de différentes périodes dans la démarche de Nietzsche ne peut être proposée qu'à grands traits. Ces regroupements permettent d'esquisser une évolution générale du cheminement nietzschéen en évitant de réduire celui-ci à la dispersion la plus radicale.

Dans cette hypothèse, différentes façons d'aborder la réalité se seraient succédé dans la pensée de Nietzsche. Lecteur de Schopenhauer, il en aurait initialement reproduit la métaphysique nourrie de kantisme dans *La naissance de la tragédie*, cet ouvrage qui accrédite l'idée d'un fond de toutes choses, autrement dit d'une sorte d'en soi ou d'inconditionné nommé un originaire (*Ur-Eine*) ou être originaire (*Ursein* ou *Urwesen*). Parler de « vraie réalité, au cœur du monde » (NT, § 21) serait alors pleinement légitime à cette époque. Ultérieurement, la pertinence de cet axe vertical qui distingue et hiérarchise chose en soi (*Ding an sich*) et phénomènes (*Erscheinungen*) se serait estompée. Nietzsche aurait sciemment restreint la réalité aux relations horizontales entre pulsions – *Trieb*, au pluriel *Triebe* : des tendances sourdes, des poussées impérieuses, d'emblée infra-conscientes – et condensé ces relations conflictuelles multiples dans l'hypothèse de la volonté de puissance. La pensée de l'éternel retour, aussi problématique soit-elle, inscrirait ces rapports dans une éternité à clarifier. En résumé, Nietzsche aurait petit à petit décalé son angle de vue à propos de la réalité : l'ancrage métaphysique inaugural aurait progressivement cédé la place au plan autosuffisant de l'immanence des rapports de forces.

Il serait pourtant tout aussi important de tenir compte des propos de Nietzsche lui-même lorsqu'il fait retour, en 1886, sur *La naissance de la tragédie* dans l'« Essai d'autocritique ». Dans ces quelques pages, il place cette œuvre de jeunesse sous le signe de la « métaphysique d'artiste » (NT, « Essai d'autocritique », § 2, 5 et 7) et non de la métaphysique la plus rigoureuse. Il est vrai que dans la préface à Wagner rédigée fin 1871, Nietzsche considère avec force que « l'art constitue la tâche suprême et l'activité proprement métaphysique de cette vie ». Mais, en 1886, il reconnaît avoir utilisé le vocabulaire de la métaphysique de manière atypique au début de son parcours (NT, « Essai d'autocritique », § 5). Il est en effet troublant de constater que, dès le premier paragraphe de *La naissance de la tragédie*, les pulsions sont au cœur de l'exposé. Elles sont regroupées en deux tendances majeures : d'un côté, « Apollon », dieu des forces plastiques, producteur d'images, fait advenir la réalité vécue sous l'angle du rêve, de la belle apparence, dans l'ordre de la limitation mesurée ; de l'autre, « Dionysos » est le dieu de la musique et de l'ivresse qui permettent d'envisager la réalité comme une totalité unitaire, en deçà de ce que Schopenhauer appelle le principe d'individuation qui aboutit à des individualités bien séparées les unes des autres. Conscient de l'étrangeté du vocabulaire qu'il emploie, Nietzsche prend soin de préciser qu'Apollon et Dionysos sont des pulsions de la nature (NT, § 2). Empruntées à la mythologie grecque, ces deux divinités sont des personnifications qui rendent sensibles des dynamiques pulsionnelles spécifiques, autrement dit des poussées ou des tendances naturelles qu'il ne faut pas confondre. À première vue, on pourrait penser que la réalité est ainsi strictement compartimentée en fonction d'un ordre métaphysiquement conçu avec, au premier plan – celui des phénomènes ou plutôt de l'apparence (*Schein*) trompeuse – des individus distincts et, à l'arrière-plan, l'unité primordiale de la réalité. Mais il serait hâtif de restreindre Dionysos à un principe premier qui se manifesterait ensuite sur le mode de la fragmentation et donc de la déperdition, c'est-à-dire du morcellement de l'unité originaire, frayant ainsi la voie pour Apollon. Si le recours aux substantifs frappe l'imagination, Nietzsche emploie fréquemment les adjectifs « dionysiaque » et « apollinien » pour préciser deux orientations pulsion-nelles majeures ; respectivement : s'abîmer dans la réalité comme tout indifférencié ou, au contraire, se singulariser au sein de la réalité comme ensemble de parties multiples bien distinctes. En conflit, les pulsions dionysiaques et apolliniennes peuvent se réconcilier momentanément (NT, § 1), d'où la symbolisation de cette relation complexe au moyen du « lien fraternel des deux divinités » (NT, § 21) qui n'est envisageable que pour des réalités de même nature. Certes, Apollon et Dionysos désignent des pulsions différentes, mais il s'agit bien de pulsions. Autrement dit, cette distinction n'implique pas de dualisme entre monde et « arrière-monde » (expression précisée dans APZ, I, « Des prêcheurs d'arrière-mondes »). En ce sens, le conflit entre Apollon et Dionysos dit de manière imagée la réalité comme devenir au sens d'une dynamique heurtée voire violente, ponctuellement pacifiée. C'est la contradiction qui est originaire (NT, § 5-6 et 9 : « *Urwiderspruch* ») à titre de moteur des variations du devenir. Précisons simplement que, en tant que dynamique pulsionnelle, elle n'est pas extérieure à ce même devenir.

Il est toutefois important d'insister sur l'alternative rencontrée. La lecture nietzschéenne de la réalité évolue-t-elle selon différentes périodes ou peut-on parler d'unité de la philosophie de Nietzsche, qui se manifesterait dès son entame ? Les deux partis de cette alternative s'exposent à de solides objections. D'une part, l'idée de période pose le problème de la justification de la coupure : quand peut-on à bon droit considérer que la continuité jusqu'à présent rencontrée cède la place à une incontestable discontinuité ? Par exemple, parler de libération de la tutelle de Schopenhauer et de Wagner inaugurée par *Humain, trop humain* est plus complexe qu'il ne le paraît de prime abord dans la mesure où Nietzsche, revenant sur *La naissance de la tragédie*, tient en 1886 cette œuvre pour « indépendante, autonome jusqu'à l'entêtement y compris là où elle semble s'incliner devant une autorité et une vénération personnelle » (NT, « Essai d'autocritique », § 2). D'autre part, l'unité menace d'être moins découverte qu'inventée, l'étrange désir d'immobiliser ce qui est en mouvement impliquant de partir de la fin pour lire le début. À titre d'illustration, on considérera ainsi les rapports conflictuels entre Apollon et Dionysos comme une « préfiguration » de l'idée de volonté de puissance, alors que le concept de « préfiguration » serait à étayer solidement afin d'échapper au risque d'illusion rétrospective. Il est toutefois possible de sortir de ce dilemme sans décision hasardeuse.

Vers un « nouveau langage »

Certes, Dionysos est souvent décrit comme le fond de toutes choses dans *La naissance de la tragédie* mais Nietzsche reconnaît que cette œuvre inaugurale se cherche (NT, « Essai d'autocritique », § 3). Il déplore de n'avoir alors pas tenté de se doter, « pour des intuitions et des entreprises risquées si personnelles, [d']un *langage* personnel, – d'avoir laborieusement cherché à exprimer au moyen de formules schopenhauériennes et kantiennes des évaluations étrangères et neuves qui allaient radicalement à l'encontre de l'esprit de Kant et de Schopenhauer, tout autant que de leur goût » (NT, « Essai d'autocritique », § 6). Il est évidemment possible de s'étonner de l'importance ici accordée à l'« Essai d'autocritique » en posant notamment la question de savoir pourquoi, après tout, l'auteur serait incontestablement dépositaire du sens de son œuvre, présupposé qui conduit à privilégier certains éclairages tardifs de Nietzsche pourtant susceptibles d'être questionnés, d'autant plus que les propos tenus pourraient l'être par un « masque » supplémentaire.

Il n'en reste pas moins que la quête d'un « nouveau langage » (PBM, § 4) est bien à l'œuvre dans la philosophie de Nietzsche, afin d'éviter la pente du langage usuel qui pousse à cristalliser les oppositions dans une sorte de fixisme métaphysique qui pétrifie la dimension fluente de la réalité. Afin de penser celle-ci comme devenir sans neutraliser son caractère changeant, Nietzsche s'efforce en effet de construire ce qu'il appelle « un langage à moi pour ces choses à moi » (GM, préface, § 4), autrement dit « un langage nouveau parlant *pour la première fois* d'une nouvelle série d'expériences » (EH, III, § 1). En l'absence de ce pouvoir d'expression, Nietzsche serait condamné à gauchir l'originalité de ses intuitions et donc à recourir provisoirement au lexique de la chose en soi distincte par principe tout à la fois du phénomène et de l'apparence.

Il serait toutefois insuffisant de cantonner le « nouveau langage » à la restitution de la réalité comme devenir, si l'on entend par là simplement une catégorie métaphysique parmi d'autres, intermédiaire entre l'être et le néant. Le devenir n'est pas que le caractère éphémère de chacun des changements successifs récapitulés dans l'idée de réalité. En rendant hommage à Héraclite (NT, § 24 ; PETG, § 5-8 ; UIHV, § 1 ; CI, III, § 2 ; EH, III, « NT », § 3), Nietzsche s'efforce de redéfinir le devenir comme saisie du tout sur le mode de la conflictualité généralisée, à ceci près qu'il l'envisage comme quête d'intensification de la puissance à partir de la notion d'interprétation, dotée d'un rôle étendu ainsi que nous allons le découvrir progressivement.

Si un « nouveau langage » est requis pour réinterpréter la réalité, en quoi doit-il consister ? S'agit-il d'introduire de nouveaux concepts dans la langue philosophique classique ? Lorsqu'il restitue la logique du passage du mot (*Wort*) au concept (*Begriff*), Nietzsche insiste sur le fait qu'une idée générale n'est telle qu'à la condition d'embrasser une multiplicité d'expériences pourtant vécues à chaque fois de manière singulière. Le concept serait alors une sorte de trait d'union qui ne pourrait qu'appauvrir ce qu'il est censé éclairer. L'unité commune, qui permet d'évoquer « la feuille » ou « l'honnêteté », est non seulement extorquée mais encore projetée en retour sur la réalité, à titre de modèle originaire dont seraient tirées les réalités singulières (VMSEM, § 1). Faudrait-il alors en revenir aux mots, moins abstraits ? Mais eux non plus ne trouvent pas grâce aux yeux de Nietzsche : « les mots et les concepts nous induisent continuellement à penser les choses plus simples qu'elles ne sont, séparées l'une de l'autre, indivisibles, chacune étant en soi et pour soi » (HTH, II, VO, § 11). S'efforçant de penser la réalité à titre de continuum en mouvement au moyen de ces unités discrètes que sont les mots et les concepts, le philosophe est d'emblée « pris dans les filets du *langage* » (FP 1872-1873, 19 [135]).

Afin de redonner de l'allant et du liant à l'expression, Nietzsche recourt alors de manière occasionnelle à la poésie (il insère des poèmes dans ses œuvres et a rédigé *Idylles de Messine* ainsi que *Dithyrambes de Dionysos*, deux recueils de poèmes), ou donne voix dans *Ainsi parlait Zarathoustra* à une écriture déroutante, qualifiée faute de mieux de musicale : « Peut-être peut-on ranger tout le *Zarathoustra* sous le terme de musique » (EH, III, « APZ », § 1). Il forge également des néologismes (exemple : GM, II, § 12 : « *misarchisme* », c'est-à-dire

« la haine de tout commandement ») tout en attribuant un sens nouveau à des syntagmes quelque peu figés par la tradition philosophique (exemple : « corps », nous y reviendrons). Le « nouveau langage » modifie ainsi les contours de la langue de la philosophie qui peut alors s'élaborer à partir d'images aux multiples connotations (un exemple parmi tant d'autres : l'araignée ou la toile d'araignée dans le champ de la rationalité). Fait plus étonnant : alors qu'il a souligné leur abstraction, Nietzsche travaille la définition de concepts explicitement revendiqués (exemple : A, § 9 : « *Concept de la moralité des mœurs* »), ou détourne de leur sens philosophique classique certains concepts usuels pour se les réapproprier comme en témoigne l'emploi de la tournure « mon concept de… » (CW, Épilogue, trad. modifiée ; CI, IX, § 38 et 44 ; EH, III, « Les Inactuelles », § 3). La présentation critique de la genèse du concept proposée dans *Vérité et mensonge au sens extra-moral* ne dispense donc pas de son utilisation car des « philosophes *nouveaux* » (PBM, § 44) ont besoin d'idées générales pour produire une pensée originale. Prêter attention aux réalités singulières n'implique pas de s'y abandonner, sous peine de se disperser et même de se dissoudre en elles. Au contraire, c'est avec hauteur de vue que les « philosophes de l'avenir » (PBM, § 42 et 44) considèreront la réalité, en recourant à des « types » éclairants (par exemple, l'homme du ressentiment dépeint dans la *Généalogie de la morale*), à bien circonscrire de manière unitaire par-delà les différences individuelles.

La production d'un « nouveau langage » ne se résume donc pas à l'introduction d'un nouveau lexique (HTH, II, VO, § 127) mais intègre l'idée d'une régénération de la pensée par le travail stylistique qui s'écarte de la discursivité philosophique classique. Multiplication des tropes ;

abondance des noms propres ; jeux sur les proximités phoniques des termes employés afin de suggérer des rapprochements inédits ; importance du rythme au sein de la phrase, du paragraphe, de la section et même de l'ouvrage considérés : dans l'univers philosophique, les textes de Nietzsche détonnent en faisant naître des états affectifs diversifiés chez le lecteur, du rire complice à l'indignation véhémente, sans néanmoins exclure le questionnement plus serein. Nietzsche revendique cette virtuosité dans l'écriture, avec une jubilation provocatrice. Il écrit ainsi : « Avant moi, on ne sait pas ce que l'on peut faire de la langue allemande – ce que l'on peut faire, en général, du langage » (EH, III, § 4).

Il ne s'agit cependant pas de constituer les aptitudes rhétoriques en but, aussi étendues soient-elles. Le style ne peut valoir pour lui-même ; il est au service d'un contenu à dire le mieux possible. Aussi Nietzsche avait-il préalablement précisé, dans le même paragraphe : « *Communiquer* un état, ou la tension interne d'un pathos, par des signes, y compris par le *tempo* de ces signes – tel est le sens de tout style ; et si l'on songe que la diversité des états intérieurs est chez moi exceptionnelle, il y a donc chez moi beaucoup de possibilités de styles ». Pourtant, donner forme à l'intériorité, c'est-à-dire l'exprimer, sans délaisser la communication du résultat à un lecteur ne suffit pas pour récapituler l'objectif de Nietzsche : dire la réalité par-delà la distinction entre intériorité et extériorité. Le « nouveau langage » est-il capable de parvenir à ce résultat en dépassant donc le lexique réifiant de la chose en soi ?

L'idée d'un langage parfaitement approprié est pourtant une naïveté car le langage consiste en des *déplacements* successifs qui rendent illusoire l'adéquation entre le référent et le jugement. Si l'on entend par « référent » une réalité d'emblée extérieure au langage, il convient de se résoudre à l'impossibilité de le dire comme tel, compte tenu de sa saisie au travers du prisme de la sensibilité, de sorte que, dans *Vérité et mensonge au sens extra-moral*, Nietzsche y substitue la formule « excitation nerveuse ». Le langage produit à son tour une dynamique qui est celle de l'écart qui, en différentes phases, s'accentue : « Transposer une excitation nerveuse en une image ! Première métaphore. L'image à son tour transformée en un son ! Deuxième métaphore. Et chaque fois, saut complet d'une sphère à une autre, tout à fait différente et nouvelle » (VMSEM, § 1). Cet extrait prend appui sur un développement aristotélicien bien connu, dans lequel la métaphore est envisagée comme « transport à une chose d'un nom qui en désigne une autre »[1]. Transport, transposition, déplacement : telle est la dynamique qui retient l'attention de Nietzsche, par-delà la restriction de la métaphore à un simple trope parmi tant d'autres. Au cœur du langage comme processus, la métaphore est une *interprétation*, c'est-à-dire ce mouvement paradoxal qui ne rapproche d'un point qu'en en éloignant immédiatement, ou encore une dynamique de traduction dans un plan différent, dans l'ordre d'une sorte d'infidèle fidélité. La question de savoir si le langage peut dire adéquatement la réalité perd alors sa pertinence car le moteur de l'un et de l'autre est cet écart sans cesse renaissant que l'on peut appeler contradiction originaire dans la langue de la métaphysique, métaphore dans l'ordre linguistique ou interprétation de manière beaucoup plus globale. Le langage interprète la réalité en devenir sur le mode de la

1. Aristote, *Poétique*, 1457 b6, Paris, Les Belles Lettres, 1932, rééd. 1975, trad. fr. J. Hardy, p. 61.

transposition, c'est-à-dire de la traduction. Autrement dit, le langage interprète la réalité qui consiste elle-même en une multiplicité d'interprétations. Dans ces conditions, si l'on était conséquent, cette spirale d'interprétations devrait conduire au silence : à quoi bon le « nouveau langage » si « demander un *mode d'expression adéquat* est *absurde* » (FP 1888, 14 [122]) ?

Pourtant, cette possible réfutation tourne court car le « nouveau langage » ne revendique pas une position ultime de surplomb. Il interprète la réalité et son apport est à son tour à interpréter. N'est-ce pas cependant le propre de toute langue ? Dès lors, en quoi est-il réellement novateur ? Il l'est, dans la logique d'investigation qu'il permet et dont il procède, tout à la fois. Car le « nouveau langage » est irréductible à un simple outil ou un simple moyen : si, par sa médiation, la réalité est envisagée à partir d'angles plus diversifiés que dans la conceptualisation philosophique classique, c'est parce qu'il est tout entier animé par une pensée *perspectiviste* qui ne se déploie que par son entremise. Circularité nécessaire car le style, loin de se réduire au brio un peu vain dans le maniement de la forme, est indissociable du contenu : « Corriger le style, cela veut dire corriger la pensée, et rien d'autre ! » (HTH, II, VO, § 131). Ce perspectivisme (*Perspektivismus*) constitue la véritable originalité de ce « nouveau langage ». Si toute langue interprète nécessairement la réalité, par ce processus de déplacements successifs dépeint dans *Vérité et mensonge au sens extra-moral*, la langue instituée par Nietzsche est le fruit de décalages supplémentaires librement choisis. Modifier l'angle de vue précédemment adopté alors que le statisme serait bien plus confortable : telle est la dynamique du « nouveau langage », celle de l'expérience (*Experiment*) au sens de l'essai ou de la tentative (*Versuch*) renouvelés, dans la démarche de la recherche certes tâtonnante, mais ambitieuse et hardie, qui réinterprète la réalité de manière multiple.

Versuch : *multiplier les interprétations*

Il serait possible d'objecter que le perspectivisme est un concept qui, rétrospectivement, s'évertue à exhumer de l'ordre dans une série de déplacements moins planifiée dès le début de la recherche que rencontrée successivement dans une « méthode » d'investigation au statut par conséquent assez fragile. Dans son parcours, Nietzsche aurait accueilli petit à petit des apports *nouveaux*, selon les centres d'intérêt d'une personne qui se construit en enrichissant progressivement sa vision du monde : très tôt défini comme « *médecin de la culture* [Cultur] » (FP 1872-1873, 23 [15], trad. modifiée), le philosophe recueillerait ainsi tour à tour les contributions du philologue, de l'esthète, de l'historien, du scientifique, de l'esprit libre (*freier Geist*), du généalogiste orienté vers la figure du législateur (*Gesetzgeber*). En d'autres termes, la reconstruction synchronique ne peut faire oublier une genèse diachronique qui intègre çà et là le fortuit.

Mais le perspectivisme nietzschéen n'est pas le simple travestissement d'une juxtaposition de regards en une « méthode » d'investigation en définitive marquée par l'aléatoire. Loin d'être simplement subi et impensé, le changement d'angle de vue, le renouvellement de perspective est délibéré et donc activement construit. « Inactuel [*unzeitgemäss*] » est l'épithète qui qualifie initialement cet art de se situer à contre-courant des évidences d'une époque, de manière provocatrice et donc intempestive. Nietzsche envisage en effet la philosophie plus largement comme *Versuch*, c'est-à-dire comme coup d'essai indissociable de la prise de risques, contre le dogmatisme. Au souhait de « tout résoudre d'un seul coup, d'un seul mot » (A, § 547), il substitue l'enquête à long terme, toujours renaissante, pluridirectionnelle, consciente de sa finitude dans la mesure où chaque essai est appelé à être dépassé (FP 1872-1873, 19 [211]). Nietzsche est un infatigable traqueur de convictions (*Überzeugungen*), ces pensées figées, granitiques (PBM, § 231), qui sont en définitive des « prisons » (AC, § 54) pour l'esprit. Afin de lutter contre cette pétrification inquiétante pour la liberté de pensée, il recommande de « *dire deux fois* », c'est-à-dire de doter chaque chose « d'un pied droit et d'un pied gauche » afin que l'investigation puisse véritablement cheminer (HTH, II, VO, § 13). Tester, essayer, tenter, risquer l'hypothèse opposée à nos certitudes immédiates est le moyen approprié pour déstabiliser nos convictions, si bien que ce processus qu'est le *Versuch* serait amorcé par ces formulations très proches : « Mais si c'était l'inverse qui était vrai […] ? » (HTH, II, VO, § 10) ; « et si l'inverse constituait la vérité ? » (GM, préface, § 6) ; « Non, c'est l'inverse qui constitue la vérité ! » (GM, I, § 8), qu'elles soient explicites ou non.

Le refus des convictions s'accompagne ainsi du soupçon, conçu comme exercice du doute, non cantonné à une perspective épistémologique ou gnoséologique (on pense au fameux doute cartésien), mais ouvert à toute réalité. Si l'on choisit de s'en tenir au plan moral, cette remise en cause poussée est tout particulièrement à l'œuvre dans bon nombre de textes d'*Humain, trop humain* dans lesquels Nietzsche cultive l'art de la maxime, cher à La Rochefoucauld (1613-1680), art pour lequel il éprouve lui-même une réelle admiration (HTH, I, § 35). Il s'approprie la démarche de l'auteur des célèbres *Maximes* – qui montre, le fait est bien connu, que des actions d'apparence vertueuse peuvent avoir la vanité pour motif prépondérant – et la retraduit. Pour le dire dans le vocabulaire de Nietzsche, ce soupçon s'efforce d'exhumer un soubassement pulsionnel souvent peu avouable et difficile à détecter au vu des apparences immédiates. Faire surgir l'opposé devient alors le devoir du philosophe probe : « Profonde répugnance à trouver le repos une fois pour toutes dans une quelconque vision globale du monde ; charme de la manière de penser opposée ; ne pas se laisser enlever le stimulant du caractère énigmatique » (FP 1885-1886, 2 [155]).

Considérons quelques exemples : contre la prétendue spontanéité de la vertu altruiste, on doit reconnaître que l'« on se jette deux fois plus volontiers au secours d'un homme qui vient de tomber à l'eau si c'est en présence de gens qui n'osent le faire » (HTH, I, § 325) ; contre les apparences immédiates, une certaine force de la faiblesse issue de la ruse est envisageable (HTH, I, § 420 ; GS, § 66) ; contre l'abnégation la plus manifeste, « ne pas du tout parler de soi est une hypocrisie très distinguée » (HTH, I, § 504) ; contre le caractère prétendument prévisible du cours de nos émotions, il est possible d'affirmer que « lors d'un décès, on a le plus souvent besoin de consolations, non pas tellement pour diminuer la force de son chagrin que pour avoir une excuse de se sentir si facilement consolé » (HTH, I, § 510) ; contre la prétention à identifier précisément les esprits obtus, « l'intransigeance de la pensée est souvent le masque d'une profonde inquiétude d'esprit qui cherche à s'étourdir » (HTH, I, § 581). Nietzsche se plaît ainsi à montrer qu'il est tout à fait plausible d'envisager de rencontrer un « altruiste » en réalité soucieux de sa bonne réputation, une « victime » qui accentue sciemment son état afin de tourner le rapport de force à son avantage, un « modeste » par calcul, un homme « affecté » à force de ne pas l'être, un « intransigeant » qui n'est tel que pour faire taire les questions qui l'assaillent. Comprenons bien que, dans ces quelques textes, Nietzsche ne se contente pas d'observations empiriques dispersées ou du simple désir gratuit de multiplier les paradoxes. Il s'efforce avec constance de restituer une cohérence logique à la thèse adverse, alors que la thèse initiale, implicite dans ces aphorismes, semble relever de l'évidence unanimement partagée (un homme qui plonge dans l'eau pour en sauver un autre est altruiste, la personne qui pleure souffre plus que celle qui l'a fait pleurer, etc.). L'exigence de faire surgir l'opposé n'est pourtant pas le dernier mot de Nietzsche.

Cette méthode peut même être décriée dans la mesure où l'inversion des interprétations usuelles schématiserait excessivement la réalité fluente. Si l'on s'en tient au plan moral, l'apport de La Rochefoucauld et des moralistes de sa trempe peut être discuté au vu de leur tendance, chrétienne en son fond (FP 1883, 7 [40]), à toujours rabaisser l'homme (HTH, I, § 36 ; FP 1876-1877, 23 [41]). Après tout, réinterpréter les motifs du sujet moral sur le mode de l'inversion suspicieuse serait étonnamment proche de la démarche de Luther qui, en lecteur de Paul, montre que les œuvres proviennent toujours de la chair comme lieu du péché alors que Nietzsche redoute tout particulièrement cette logique : « partout la mauvaise conscience, cette *"bête hideuse"* pour parler avec Luther ;

partout le passé remâché, l'acte gauchi, l'"œil fielleux" porté sur tout agir » (GM, III, § 20). Déployer l'interprétation inverse est une première étape dans la libération vivace des interprétations possibles, contre les convictions inertes. Chercher l'opposé n'implique donc pas de salir systématiquement l'existence à la manière de ce qu'on appelle parfois le « soupçon nietzschéen » que Nietzsche lui-même ne pratique pas unilatéralement : pour ne retenir qu'un exemple, cet auteur peut insister de manière assez émouvante sur l'altruisme situé au cœur de la bienveillance (HTH, I, § 49) alors qu'il serait facile de dénigrer celle-ci en envisageant qu'elle ne procède que du calcul le plus intéressé. On ne saurait pourtant nier que l'examen de cette notion est plus complexe, Nietzsche faisant varier les points de vue sur elle dans *Humain, trop humain* (HTH, I, § 337, 360 et 509 ; HTH, II, OSM, § 236, 328 et 393) avant de la réinterpréter de manière brutale à l'aide du vocabulaire des forces vitales (GS, § 118). Le *Versuch* ne doit donc pas devenir à son tour une méthode finalement paresseuse car enlisée dans l'« *habitude des contraires* », Nietzsche considérant en effet qu'« il n'existe pas de contraires, mais seulement des différences de degrés » (HTH, II, VO, § 67). Dans le cas opposé, cette démarche se restreindrait à une inversion mécanique, presque irréfléchie, et donc aux antipodes de la liberté recherchée dans la mesure où elle demeurerait entièrement tributaire du modèle condamné (HTH, I, § 531 : « Qui vit de combattre un ennemi a tout intérêt à ce qu'il reste en vie. »). En ce sens, faire émerger la thèse adverse puis tester la légitimité de celle-ci n'est qu'un aspect de la méthode, qui s'évertue plus radicalement à faire proliférer les points de vue.

C'est pourquoi chacun est invité à cultiver la capacité de se décentrer : « Ce que vous voyez du monde par cette fenêtre est-il donc si beau que vous ne vouliez absolument plus regarder par une autre fenêtre, – que vous tentiez même d'en empêcher les autres ? » (HTH, II, OSM, § 359). Il convient alors de devenir un « Argus aux cent yeux » (HTH, II, OSM, § 223) ou même d'« observer avec mille regards » (FP 1881, 11 [65]), car « il *n'y* a *qu'*un voir en perspective, *qu'*un "connaître" en perspective ; *plus* nous laissons d'affects prendre la parole au sujet d'une chose, *plus* nous savons nous donner d'yeux, d'yeux différents pour cette même chose, et plus notre "concept" de cette chose, notre "objectivité" seront complets » (GM, III, § 12). Dans le dernier de ces trois extraits, Nietzsche emploie des guillemets pour créer une distance car s'il utilise le vocabulaire de la philosophie de la connaissance, c'est sans y souscrire pleinement, dans la mesure où le perspectivisme déborde le souci de la vérité (*Wahrheit*) comme adéquation impersonnelle entre le sujet et l'objet par la médiation du jugement. Nous reviendrons sur ce point décisif mais, d'ores et déjà, il importe de souligner que l'art nietzschéen de la tentative n'est pas simplement le fruit de la neutralité rationnelle. Pour être bien conduit, il présuppose l'engagement courageux (A, § 501 : « Nous avons reconquis le courage d'errer, d'essayer, d'accepter provisoirement ») et requiert de la vigueur (GM, II, § 24 : « *En soi*, une tentative inverse serait possible – mais qui est assez fort pour cela ? »). De manière étonnante, il réclame en outre le concours d'affects différents : « Nous devons procéder par tâtonnement avec les choses, nous montrer tantôt bons, tantôt mauvais à leur égard et les traiter successivement avec justice, passion et froideur » (A, § 432). Celui qui pratique le *Versuch* n'est donc pas le savant un peu retiré du monde, qui se contenterait de faire varier son regard sur les événements depuis une position contemplative. Fréquemment, Nietzsche le compare à Christophe Colomb, en quête de contrées inconnues. Explorateur, aventurier téméraire (A, § 432), le philosophe qui ressent l'appel du *Versuch* (PBM, § 42, 205 et 210) doit vouloir prendre la mer (GS, § 289) : « Bien des tentatives doivent encore être faites ! Tant d'avenir doit encore voir le jour ! » (A, § 187). Irréductible à une pensée théorique, faire l'essai (GS, § 51) est bien une pratique, et même un mode d'expression de la vie la plus tonique (HTH, I, préface, § 4).

Nietzsche considère en effet la vie elle-même comme un *Versuch* (FP 1883, 16 [84] 13), caractérisation qui s'étend donc aux hommes en général (APZ, I, « De la vertu qui prodigue », 2 : « Oui, l'homme était un essai ») et tout naturellement aux grands hommes qui, comme Goethe, illustrent cette prodigalité de la vie d'une façon paroxystique (CI, IX, § 49). Dans l'immanence, c'est l'ensemble de la vie qui tâtonne, qui teste des incursions vers des réalisations inédites si bien que le *Versuch* comme moteur de l'investigation philosophique est en ce sens une manifestation locale du *Versuch* au sens plus large d'autodifférenciation de la vie. Cette assertion n'implique nullement de s'en remettre passivement à cette dynamique générale ; tout en acquiesçant à ce mouvement, il est possible de se l'approprier en le particularisant : « Nous voulons être nous-mêmes nos expériences et nos cobayes [*Versuchs-Thiere*] » (GS, § 319). Il apparaît donc que, s'il est commode de se représenter l'évolution de la pensée de Nietzsche au moyen de différentes périodes, évoquer son unité est légitime si l'on entend par là l'ensemble de *tentatives* ou d'*essais* d'appréhension de la réalité comme dynamique interprétative au moyen de la construction progressive du « nouveau langage » comme mise en œuvre du perspectivisme.

Pourtant, dire de la réalité qu'elle est une dynamique interprétative est à première vue insuffisant car cette assertion pose un certain nombre de questions : qui (voire : qu'est-ce qui) interprète ? Qu'est-ce qui est interprété ? Comment ? Autrement dit : la réalité peut-elle vraiment consister en interprétations ? En quel sens du terme « interprétation » et selon quelle organisation d'ensemble ?

Rénover l'interprétation philologique

La tâche interprétative incombe tout d'abord au philologue. On sait que, à Pforta puis à Leipzig, Nietzsche s'est illustré dans ses études de philologie, avant de devenir Professeur de philologie classique à l'Université de Bâle. Cette discipline exigeante apprenait à l'époque à lire rigoureusement les textes de l'Antiquité en cultivant le travail des langues anciennes mais également en développant les connaissances historiques, indispensables à la compréhension des textes examinés. Nietzsche a cependant perçu très tôt le danger propre à la philologie, à savoir la possibilité de dériver vers l'érudition coupée d'une perspective plus haute pour la collectivité. S'ils manquent de distance critique, s'ils ne questionnent pas la finalité de leur savoir, les philologues se détournent de leur mission éducative. Par exemple, la lettre du 20 novembre 1868 à Rohde tourne en dérision « la grouillante engeance des philologues de notre temps », « leur travail de taupes aux bajoues rebondies et aux yeux aveugles, leur joie à capturer un ver de terre et leur indifférence à l'égard des véritables, des urgents problèmes de la vie ». Nietzsche envisageait de rédiger une cinquième *Considération inactuelle* intitulée *Nous autres philologues* ; ce projet n'a finalement pas vu le jour mais d'importants fragments posthumes de 1875 précisent ses conceptions, en dialogue avec celles des philologues reconnus à l'époque. L'enseignement de Ritschl a servi de catalyseur à ces réflexions, dans la mesure où ce maître aussi exigeant que stimulant refusait de se cantonner à l'aspect strictement linguistique et donc à la « philologie des mots », pour mieux s'ouvrir à la dimension culturelle, c'est-à-dire à la « philologie des choses ». L'opposition entre la première, soutenue par Gottfried Hermann (1772-1848), Professeur à l'Université de Leipzig, et la seconde, défendue par August Boeckh (1785-1867), Professeur à l'Université de Berlin, eut un certain retentissement dans les cercles universitaires allemands au XIXe siècle. Dans le contexte de cette controverse, Nietzsche fut sensible à la philologie de Ritschl, soucieuse d'articuler et donc de dépasser cette opposition (FP 1875, 5 [106] : « philologie du mot et philologie de la chose – stupide querelle ! »). Interpréter un texte requiert des opérations rigoureuses, bénéfiques, mais qui ne peuvent à elles seules constituer un horizon.

Établir le texte, le conserver, l'expliquer (*erklären*), c'est-à-dire mettre au jour son sens avec justesse, fiabilité, sans omission ni ajout : telle est la rectitude philologique, cet art (*Kunst*) de la lecture appropriée, convenable, rigoureuse, initialement mue par la volonté de comprendre (*verstehen*) ce que dit l'auteur (HTH, I, § 270) et non de chercher par principe un double sens au texte (HTH, I, § 8), au risque de la surcharge et

même du contresens. Lire méthodiquement à la manière
des philologues, c'est donc accueillir le texte pour lui-
même et restituer son sens propre à partir de diverses
opérations : établir l'histoire du texte, le traduire,
identifier ses sources, le commentaire n'ayant d'autre
but que la réception de la singularité du sens du texte
considéré, désormais rationnellement éclairé. La fiabilité
de ses procédures et le prestige qui en résulte confèrent
même le statut de science à cette pratique de la lecture
tendue vers l'objectivité. En effet, considérée comme la
science de l'Antiquité (*Altertumswissenschaft*) depuis
les travaux de Friedrich August Wolf (1759-1824), la
philologie n'interprète qu'en un sens minimal de ce
verbe dans la mesure où sa tâche est bien de comprendre
puis d'expliquer. Elle interprète, dans la mesure où elle
se propose d'exhumer un sens constitué par l'auteur du
texte, un sens d'emblée quelque peu indistinct voire,
dans certains cas, franchement énigmatique. Sans rejeter
le principe d'une lecture ordonnée et réfléchie, Nietzsche
s'inquiète car répertorier et donc classer des sources,
quantifier les occurrences de tel ou tel terme chez tel
auteur, peut conduire à l'activité platement routinière. Le
philologue est alors menacé de devenir une sorte d'expert
bien inséré socialement, un notable qui aurait troqué la
véritable curiosité intellectuelle contre un salaire. La
congrégation des philologues doit donc être envisagée
« comme problème » (FP 1875, 5 [133], trad. modifiée).
Leur pratique de la lecture, minutieuse et donc à courte
vue, absorbée par les textes qu'elle est censée éclairer,
est une impasse. Cette philologie-là doit disparaître
(FP 1875, 5 [145]). Ainsi, pour pouvoir être régénérée,
la philologie elle-même doit être conçue « comme
problème » (FP 1875, 5 [135]).

Insistons sur le fait que sa nature propre est difficile à cerner dans la mesure où elle requiert aussi bien le travail linguistique que l'apport de connaissances historiques. Certes, ce caractère mixte peut déboucher sur une pratique bien rodée et donc sur une articulation de ces deux domaines, comme en témoigne l'appellation de science de l'Antiquité. Il n'empêche : cette science n'est-elle qu'une composante de la science historique ? Si elle n'est pas simplement une discipline linguistique, la philologie peut-elle et doit-elle se résorber dans l'historicisme ? Avant tout historien, le philologue est-il au service de ces faits que sont les textes, en étant donc tenu, par les règles pérennes de la méthode philologique, d'étouffer le questionnement plus vaste, hélas susceptible d'être assimilé à une digression voire à un manque de rigueur ? Ces procédures prudentes se sont instituées progressivement, de manière si efficace qu'elles semblent aller de soi. Elles voilent cependant la question de la finalité des travaux philologiques, massivement tenue pour réglée mais rouverte par Nietzsche sous l'appellation d'« antinomie de la philologie » : « on n'a jamais compris l'*Antiquité* qu'*à partir du présent* – le *présent* doit-il être compris maintenant *à partir de l'Antiquité* ? » (FP 1875, 3 [62]). Autrement dit, que faire de l'accumulation de connaissances à propos des textes de l'Antiquité ? Comme l'atteste ce fragment posthume, la philologie, obnubilée par sa prétention à l'objectivité scientifique, se détourne de sa dimension la plus féconde, à savoir l'interprétation en sa signification éminente. Initialement cantonnée à la quête d'unicité du sens, l'interprétation doit être intégrée au champ de ce que Nietzsche appellera ultérieurement perspectivisme (notamment dans le FP 1886-1887, 7 [60], nous y reviendrons). Impulsée en effet par le linguiste/historien, « la » philologie est un ensemble de regards croisés et complémentaires eux-mêmes guidés par des allers et retours entre passé et présent. Qu'elle veuille bien le reconnaître ou non, le passage d'une perspective à une autre est son moteur.

Art du déplacement et non science univoque, la philologie que Nietzsche imagine correspondrait à son tempérament, friand de multiplication des angles de vue. La philologie comme *Versuch*, telle serait l'attente du jeune Nietzsche vis-à-vis de cette discipline : « Ce que j'aime le mieux, c'est découvrir un point de vue nouveau, et d'autres plus nombreux, et pour eux de rassembler des matériaux. Ma cervelle est rebelle à tout bourrage » (lettre à Deussen du 4 avril 1867). Cette recherche consisterait non pas en une prolifération désordonnée d'intuitions diverses, voire décousues, mais en l'élaboration d'hypo-thèses foisonnantes subordonnées à un point de vue supérieur, celui de l'éducation et donc de la culture à faire advenir. Ce *Versuch* est ainsi en quête d'une véri-table orientation que seul un véritable maître à penser peut élaborer. En cette période de réflexion en vue de la rédaction de *Nous autres philologues*, Nietzsche évoque l'apport bénéfique de figures complémentaires de la culture : « Les plus grands événements que la philologie a connus sont l'apparition de Goethe, de Schopenhauer et de Wagner », qui favorisent « un regard qui va plus loin » (FP 1875, 3 [70]). Goethe est alors appelé le « *poète-philologue* » ; Wagner, « encore plus grand » (FP 1875, 5 [109]), pressent tout comme Schopenhauer « les forces prometteuses dans lesquelles s'éveille une nouvelle culture [*Cultur*] » (FP 1875, 3 [76]). La philologie doit donc être un *Versuch* philosophique (FP 1875, 5 [148] : « Il faut que des têtes philosophiques s'en occupent et présentent un jour le bilan de l'Antiquité. »), au sens où un philosophe est avant tout, par-delà les distinctions de bon sens entre poète, artiste et philosophe socialement reconnu, un évaluateur et même un législateur en vue de l'histoire collective à construire. C'est pourquoi la philologie « n'a pas encore commencé » (FP 1875, 3 [70]) et c'est donc ici que les chemins de Nietzsche et de Ritschl se séparent, dans la mesure où le maître du jeune Nietzsche entérinait la distinction entre la discipline qu'il enseignait et la philosophie. Pour Nietzsche, en revanche, celle-ci fixe les fins propices à l'essor culturel que le philologue, qui ne songe même plus à définir la finalité de sa pratique (FP 1875, 5 [48] et 5 [49]), délaisse de manière préoccupante.

Ainsi, constater que c'est le philologue qui interprète au moyen d'une lecture méthodique des textes est insuffisant. Interpréter ne se résorbe pas simplement dans une articulation entre comprendre et expliquer mais en appelle à une tâche axiologique supérieure : s'il est vrai que le philologue a pour vocation d'interpréter rigou-reusement des textes, sa science doit cependant être redéfinie comme un art ouvert à l'histoire, guidé par de pénétrantes conceptions philosophiques, non seulement pour bien éduquer les citoyens à venir mais encore, de manière plus vaste, pour favoriser l'émergence d'une haute culture – pas simplement *Bildung*, qui renvoie à la formation intellectuelle, mais *Cultur* (ou *Kultur*), parfois traduit par « civilisation ». Dans la mesure où Nietzsche écrit : « je ne sais quel sens la philologie classique pourrait avoir aujourd'hui, sinon celui d'exercer une influence inactuelle, c'est-à-dire d'agir contre le temps, donc sur le temps, et, espérons-le, au bénéfice d'un temps à venir » (UIHV, préface), l'enquête sur l'histoire à déchiffrer intellectuellement (*Historie*) mais également à construire par des actes (*Geschichte*) prolonge ce cheminement.

Le philosopher historique : réinterpréter la réalité

Ce qui est à interpréter est récapitulé par la notion de texte qui renvoie aussi bien à des manuscrits, à des documents divers qu'à des inscriptions anciennes – ce qui explique la présence de la paléographie et de l'épigraphie au sein des études de philologie classique. Par extension, Nietzsche tient la réalité elle-même pour un texte à décrypter, la philologie devenant le paradigme de l'interprétation rigoureuse, patiente et courageuse de la réalité en général, pourtant d'emblée marquée par l'opacité. Interpréter est ainsi irréductible à une investigation purement théorique car la réalité est indissociablement à accueillir et à forger, d'où l'importance de l'histoire, comme connaissance du passé articulée au registre de l'action. Rénové, le concept d'histoire procède ainsi d'une dynamique interprétative à clarifier.

L'historien est tout d'abord confronté au passé comparé à un texte à lire correctement. La tâche est rude car ce texte est récrit, Nietzsche utilisant l'image du palimpseste et même du polypseste (UIHV, § 3), en passant par le myriopseste (FP 1873, 29 [136]). Autrement dit, les événements, complexes et mêlés (métaphoriquement : un texte sans cesse récrit), sont difficiles à reconstituer par des historiens qui eux-mêmes multiplient les versions de l'enchaînement événementiel (dans de nouvelles réécritures, ce qui file la métaphore). L'ensemble des événements historiques (*Geschichte*) procèderait alors de l'historiographie (*Historie, Geschichtsschreibung*) en un sens élargi : en effet, dans l'ordre de cette assimilation de la réalité à un texte, l'historien *et* l'homme d'action écrivent l'histoire, selon des modalités distinctes. Or, le caractère foisonnant de ce texte interpelle. Tout comme la philologie classique, l'histoire comme discipline surestime l'érudition, sans poser radicalement le problème de la consistance de l'événement indéfiniment réinterprété. Constitué d'une multiplication de suppositions, le soi-disant fait historique s'abîme dans la fiction, la réalité étant tenue pour « insondable » (A, § 307). Ces propos ne cultivent aucune nostalgie de la « chose en soi » ; ils n'invitent pas à un scepticisme qui se contenterait de renvoyer dos à dos les versions toujours renouvelées d'un « même » événement. Au contraire, les interprétations que récapitule le sens historique (*historischer Sinn*) peuvent et doivent être rapportées à trois « pulsions » distinctes (FP 1883, 16 [11], trad. modifiée), sources de ce que Nietzsche nomme l'histoire monumentale, l'histoire traditionaliste et l'histoire critique dans la deuxième *Considération inactuelle* intitulée *De l'utilité et des inconvénients de l'histoire pour la vie*. Elles le doivent car l'histoire (*Historie*) est appelée à servir non pas la pulsion de connaissance la plus froide et désengagée mais la vie (UIHV, Préface), qui se manifeste par des tendances distinctes en relations spécifiques avec le passé.

Ainsi, « lorsqu'un homme qui veut faire de grandes choses a besoin du passé, c'est par le biais de l'histoire monumentale qu'il se l'approprie ; celui, en revanche, qui se complaît dans les ornières de l'habitude et le respect des choses anciennes cultive le passé en historien traditionaliste ; seul celui que le présent oppresse et qui veut à tout prix se débarrasser de ce fardeau sent le besoin d'une histoire critique, c'est-à-dire d'une histoire qui juge et qui condamne » (UIHV, § 2). Nietzsche n'établit pas de hiérarchie entre cette aspiration à l'action soucieuse de grandeur, ce penchant à la conservation qui pousse à vénérer le passé et cette souffrance qui pousse à vouloir en découdre avec lui : en tel homme et/ou en tel peuple, ces trois configurations pulsionnelles expriment sans exclusive cette multiplicité de perspectives qu'est la vie (UIHV, § 3-4). Interpréter, c'est donc manifester des valeurs au sens de tendances vitales, c'est donner voix à des pulsions, c'est-à-dire à des forces sourdes et impérieuses, en deçà de l'interprétation comme opération pleinement réfléchie qui pourrait bien être un simple idéal. Par conséquent, si l'interprétation a affaire à la vérité, elle déborde le souci de l'adéquation à des faits constitués une fois pour toutes. Elle prend parti, elle est un engagement. En ce sens, l'historien soucieux de l'objectivité comme détachement et neutralité méconnaît sa responsabilité pratique : « *C'est seulement à partir de la plus haute force du présent que vous avez le droit d'interpréter* [aus… deuten] *le passé* » (UIHV, § 6). Or les événements passés sont de fait interprétés par de multiples forces, comme le montre un examen plus précis de la notion de sens historique.

Les tensions qu'abrite le sens historique manifestent une véritable pluralité interprétative. Le descriptif des trois tendances vitales déjà évoquées doit en effet être complété par l'observation d'une dérive : le sens historique apparaît d'emblée comme une valorisation extrême des événements passés, l'historien travaillant sans relâche à les exhumer dans un souci d'exhaustivité. Hypertrophié, le sens historique relève de la maladie, caractéristique de l'époque marquée par l'historicisme (UIHV, préface et § 10). Avec les écrits de Hegel et Hartmann notamment, la philosophie allemande considère l'histoire (*Geschichte*) comme un processus rationnel finalisé et salutaire (UIHV, § 8-9). Nietzsche tient alors l'étude de l'histoire (*Historie*), et, plus précisément, le sens historique pour porteurs d'une « théologie dissimulée » (UIHV, § 8 ; FP 1873, 29 [53] et 29 [89]). Cette foi en l'histoire pousse à un culte de la connaissance historique tout à fait excessif : embrasser toujours plus d'événements passés peut être vain, voire dangereux, car comment construire l'histoire (*Geschichte*) ici et maintenant si le trop-plein de connaissances alimente sans cesse le doute ? La dynamique de la vie réclame moins un sens historique minutieux que la force communicative du mythe (NT, § 23), elle peut même réclamer tout simplement l'oubli (UIHV, § 1).

Le sens historique n'est cependant pas réductible à une dérive historiciste de l'interprétation. Redéfini, il peut au contraire contribuer à une interprétation fine et fructueuse de la réalité. Lorsque Nietzsche déplore le manque de sens historique des philosophes (HTH, I, § 2 ; CI, III, § 1), il s'élève contre leur tendance à la momification de la réalité (UIHV, § 3 ; CI, III, § 1) ; autrement dit, c'est bien l'hypertrophie du sens historique qui – dans la mesure où elle est un frein pour l'action – est condamnée et non le sens historique comme tel, qui ouvre de manière pénétrante à la réalité comme devenir généralisé (HTH, I, § 2 : « tout résulte d'un devenir »). Néanmoins, se tenir au mobilisme universel héraclitéen est tout autant la marque de la véritable hauteur de vue qu'un abîme possible pour la raison, privée de tout repère stable pour s'orienter (UIHV, § 1). Le sens historique ne se résorbe cependant pas dans cet abandon à la réalité accueillie à titre de fluidité la plus insaisissable : il permet de s'orienter dans ses différentes époques, qu'il est capable de reconstituer même à partir de peu d'éléments (HTH, I, § 274), et témoigne d'une belle vivacité par sa « capacité à deviner rapidement la hiérarchie d'évaluations selon laquelle ont vécu un peuple, une société, un homme » (PBM, § 224). Il existe donc des degrés de sens historique (GS, § 83), devenu pour les Européens du XIXe siècle un sixième sens (PBM, § 224 ; GS, § 357). En sa signification la plus éminente, ce sens atypique, en évolution, ébauche au sein de l'individu un sentiment inédit d'ouverture aux siècles passés et à venir et donc à la réalité la plus vaste (GS, § 337), toujours mouvante. Lorsqu'il s'ouvre au devenir sous toutes ses formes sans favoriser la passivité, le sens historique est alors le moteur de la « philosophie historique [*historische Philosophie*] » (HTH, I, § 1) qui embrasse les multiples facettes du réel.

Clé pour bien lire le monde, l'histoire ne doit pas restreindre le texte à examiner car « tout *l'essentiel* de l'évolution humaine s'est déroulé dans la nuit des temps, bien avant ces quatre mille ans que nous connaissons à peu près » (HTH, I, § 2). Cette affirmation ne se borne pas à valoriser la préhistoire comme genre spécifique de la science historique. Plus largement, Nietzsche invite à une refonte du concept d'histoire impliquant le dépassement de l'opposition entre histoire humaine et histoire naturelle (UIHV, § 9 : « l'histoire des hommes, désormais, n'est plus que le prolongement de l'histoire des plantes et des animaux ») afin d'appréhender le devenir selon la modalité la plus étendue, l'intuition héraclitéenne étant alimentée par la lecture des penseurs évolutionnistes : « nous avons besoin de l'histoire, car le courant aux cent vagues du passé nous traverse ; et nous-mêmes ne sommes rien que ce que nous éprouvons de cette coulée à chaque instant » (HTH, II, OSM, § 223). Échelle temporelle accrue, extension aux origines du vivant : Nietzsche redéfinit l'histoire pour réinterpréter la réalité dans la perspective de la continuité de ses manifestations et donc indépendamment des oppositions qu'il juge artificiellement figées entre nature et esprit, homme et animal, et les domaines physique et moral (HTH, II, OSM, § 185). C'est en s'articulant aux sciences de la nature que la « philosophie historique » pourra œuvrer efficacement contre la réification des contraires typique de la « philosophie métaphysique [*metaphysische Philosophie*] » (HTH, I, § 1) marquée par la logique du dualisme.

Cette philosophie historique n'est pas une philosophie *de* l'histoire, au sens où *la* philosophie, comme méthode constituée d'accès à la vérité, examinerait le passé comme un objet parmi tant d'autres, depuis une hypothétique position de surplomb qui revendiquerait de fait l'accès à l'éternité. D'une part, les événements passés doivent s'enrichir du croisement renouvelé de regards disciplinaires différents et, d'autre part, les hommes qui les examinent résultent d'une évolution tout en étant encore appelés à évoluer. Mue par cette pleine ouverture au devenir qu'est le sens historique, la philosophie historique, ou plutôt, pour insister sur la dynamique de cette démarche, « le *philosopher historique* [historische Philosophiren] » (HTH, I, § 2, trad. modifiée), traite de la vie dans son ensemble, sans prétendre au point de vue synoptique. Partant, il est possible d'affirmer que « toute la philosophie est désormais tombée sous la coupe de l'histoire [*Historie*] » (HTH, II, OSM, § 10). Celle-ci est alors à entendre comme histoire naturelle (*Naturgeschichte*) à redéfinir, elle qui « n'a pas encore trouvé sa langue » : de la manière dont Nietzsche l'envisage, elle ne fait redescendre l'homme de son piédestal que pour porter « au sentiment joyeux d'être l'héritier et le continuateur de l'humanité, et à un besoin toujours plus noble d'entreprendre » (HTH, II, OSM, § 184). Le philosophe joue alors le rôle de guide, c'est-à-dire de médecin qui utilise ses connaissances pour améliorer la santé des différentes cultures (HTH, II, VO, § 188).

Ainsi, tout comme la philologie, l'histoire est à concevoir par-delà la scission entre théorie et pratique, dans l'ordre d'un *Versuch* à construire : « Ce qui a été *atteint* dans l'ordre de la connaissance, c'est ce qu'il incombe aux philosophes d'établir », l'histoire (*Geschichte*) étant pensée à titre de « grand *laboratoire* [Versuchs-Anstalt] » (FP 1884, 26 [90]). Par conséquent, interpréter ne se résume pas à accueillir la réalité la plus ample dans l'ordre du jugement ; interpréter, c'est aussi produire : agir, infléchir la réalité historique pour la modeler. Il y a plus : envisager la réalité comme dynamique interprétative, c'est considérer que tout est interprétation, pas simplement au sens où un sujet ne peut se représenter le monde que depuis tel ou tel angle de vue, déployant ainsi une perspective distincte de celles des autres sujets, elles-mêmes toutes différentes, mais au sens où, sans se cantonner à l'homme, la réalité dans son ensemble interprète, c'est-à-dire : consiste en une multiplicité d'interprétations en conflit, exprimée par la volonté de puissance (*Wille zur Macht*).

La volonté de puissance, dynamique interprétative

Dans la philosophie de Nietzsche, l'empan de l'interprétation va croissant. Interpréter, c'est juger, mais également agir ou produire : œuvrer non pas sur une matière amorphe mais, pour reprendre la métaphore, sur la réalité comme texte sans cesse récrit du fait de la rivalité des pulsions en quête de puissance (*Macht*). Interpréter ne signifie alors définitivement plus s'effacer devant le texte à restituer avec le plus de neutralité possible ; interpréter, c'est tenter de faire sien, c'est donc s'efforcer de s'approprier ce qui relève d'emblée de l'adversité afin de croître. Dans l'œuvre publiée, c'est Zarathoustra qui impulse la première approche de la volonté de puissance en tant que mouvement propre aux manifestations de la vie. Il déclare notamment : « Où j'ai trouvé du vivant, j'ai trouvé de la volonté de puissance » (APZ, II, « Du surpassement de soi »). Un fragment posthume ultérieur précise le lien entre celle-ci et la dynamique interprétative :

> La volonté de puissance *interprète* [interpretirt] : quand un organe prend forme, il s'agit d'une interprétation [*Interpretation*] ; la volonté de puissance délimite, détermine des degrés, des disparités de puissance. [...] En vérité, l'*interprétation* [Interpretation] *est un moyen en elle-même de se rendre maître de quelque chose. (Le processus organique présuppose un perpétuel* INTERPRÉTER [INTERPRETIREN] (FP 1885-1886, 2 [148]).

Soucieux en effet de problématiser la réduction du moteur de la vie à la conservation de l'espèce (GS, § 1 et 4 ; PBM, § 3-4 et 13), Nietzsche avait tout d'abord décelé dans le vivant une orientation vers le plaisir (HTH, I, § 18) ponctuellement susceptible d'être reliée au sentiment de sa propre puissance (HTH, I, § 104) avant de développer pleinement ce registre du sentiment de puissance (*Gefühl der Macht*, *Machtgefühl*) dans *Aurore* (entre autres : A, § 18, 112-113, 189, 215, 245, 348) ou plus ponctuellement dans le *Gai savoir* (GS, § 13). Explicitement amorcée dans *Ainsi parlait Zarathoustra*, la thématique de la volonté de puissance est présentée progressivement dans *Par-delà bien et mal*.

Refusant l'exposition frontale, qui inviterait probablement à se représenter la volonté de puissance à la manière d'un principe métaphysique, raison d'être de la conflictualité dans le monde, Nietzsche présente petit à petit ses manifestations dans des domaines d'emblée différents. Contre toute attente, alors que la volonté de puissance devrait selon toute vraisemblance être le propre de l'homme brutal, dépourvu d'élévation morale, plein de convoitise pour les « biens » les plus clinquants, Nietzsche observe sa présence chez les Stoïciens, ces porte-paroles rigoristes de la nature, toujours mesurée et donc raisonnable, qui devrait servir de modèle aux hommes. D'après lui, cette conception de la nature est une simple projection d'un schéma particulier de pensée, projection inéluctable car la philosophie, malgré ses prétentions à l'objectivité, « crée toujours le monde à son image » : « pulsion tyrannique » savamment camouflée, elle est ainsi « la plus spirituelle volonté de puissance » (PBM, § 9). Dans la mesure où cette tendance est à l'œuvre même dans l'esprit qui s'efforce de demeurer imperturbable face aux passions, la généralisation s'impose : « Avant tout, quelque chose de vivant veut *libérer* sa force – la vie elle-même est volonté de puissance » (PBM, § 13). La rationalité scientifique la plus respectée tombe sous le coup de cette observation : d'après Nietzsche, les physiciens n'adoptent la « "conformité de la nature à des lois" » à titre d'horizon de leur discipline qu'à partir d'« instincts démocratiques » soucieux d'étendre l'égalité politique devant la loi à l'ensemble de l'univers, cette démarche révélant le caractère impérieux de la volonté de puissance (PBM, § 22). Étonnamment à l'œuvre dans les pensées en apparence les plus éminentes, celle-ci doit être considérée comme la source de la psychologie à redéfinir comme « physio-psychologie » (PBM, § 23). Au rebours de la séparation usuelle entre le corps et l'esprit, le continuum pulsionnel doit en effet trouver place dans le lexique philosophique en cours de rénovation.

Ce cheminement culmine avec le § 36 de *Par-delà bien et mal*. Nietzsche termine ce paragraphe en affirmant que « le monde vu du dedans [...] serait précisément "volonté de puissance" et rien d'autre », après avoir revendiqué un peu plus haut, à titre de thèse personnelle (« ainsi que c'est *ma* thèse »), le caractère explicatif de la volonté de puissance pour « l'ensemble de la vie pulsionnelle ». Ce paragraphe célèbre signifie-t-il le point d'aboutissement et donc le terme du *Versuch* nietzschéen, les expériences tâtonnantes cédant enfin la place à la certitude ? Avec la volonté de puissance, la dynamique de la réalité est-elle mise au jour une fois pour toutes ? Certains extraits situés plus loin entérinent apparemment cette lecture : « un monde dont l'essence [*Essenz*] est [*ist*] volonté de puissance » (PBM, § 186) ; « la vie *est* [*ist*] justement volonté de puissance » (PBM, § 259).

Ce texte décisif est pourtant très ardu. Il pose problème aux études nietzschéennes. Certes, au registre de l'essai ou de la tentative s'oppose un engagement ferme mais deux objections graduées sont envisageables. Tout d'abord, souligner le possessif dans « ainsi que c'est *ma* thèse » pourrait insister loyalement sur le caractère personnel d'un énoncé qui – l'auteur en étant bien conscient – ne pourrait prétendre assurément à l'universalité en raison du caractère en définitive incertain et donc *risqué* de son contenu (« on doit risquer [*wagen*] l'hypothèse »). Ensuite, ce paragraphe se situe aux antipodes de la présentation catégorique d'un fondement, d'une substance, d'un principe, quelque nom qu'on lui attribue : loin d'en terminer avec le *Versuch*, il utilise ce terme à quatre reprises, sans oublier la dimension questionnante du texte avec ses points d'interrogation, ses tournures hypothétiques (la logique du paragraphe s'organise à partir de la formule « à supposer que… », utilisée trois fois), ainsi que l'emploi final du conditionnel : « Le monde vu du dedans […] *serait* [nous soulignons] précisément "volonté de puissance" et rien d'autre ». En somme, ce texte ne se prononce fermement qu'à partir d'une interrogation qui subsiste (« nous *devons nécessairement* faire la tentative [*Versuch*] de poser par hypothèse »). Sans jamais céder à la tentation d'escamoter les questions qu'il fait naître, il avance avec courage et lucidité, c'est-à-dire avec probité (*Redlichkeit, Rechtschaffenheit*). Engagement résolu qui reconnaît la légitimité du doute à son endroit : la volonté de puissance n'est ni une thèse dogmatiquement posée ni une hypothèse heuristique parmi tant d'autres. Elle est un *Versuch*, une interprétation risquée mais consécutive de la méthode qui, selon ce paragraphe, exige de rechercher l'unité de la réalité.

À titre de méthode, deux stades du *Versuch* doivent donc être différenciés. On se souvient que, dans un premier temps, ce terme renvoyait à la multiplication des interprétations à propos d'un même phénomène afin de sortir de la torpeur induite par les convictions. Désormais, il s'agit de tenter l'unification de la réalité comme multiplicité de centres interprétatifs en posant au premier plan l'expression « volonté de puissance ». Remarquons alors la distinction à établir entre *le Versuch* et *un Versuch* : en tant que méthode générale, *le Versuch*

surplombe tel ou tel *Versuch* particulier, c'est-à-dire tel
ou tel essai d'appréhender une partie ou une autre de la
réalité. Au sein de cette deuxième acception, « volonté de
puissance » occupe une place à part dans la mesure où elle
exprime une tentative vraiment atypique d'interprétation
de la totalité de la réalité.

La réalité consiste dans une dynamique interprétative,
autrement dit tout interprète, au sens où les pulsions
s'efforcent structurellement d'augmenter leur puissance
les unes sur les autres : telle est la portée du § 36 de *Par-
delà bien et mal*. Mais cette prétention à la totalisation
ne laisse pas de poser problème car, s'il est envisageable
de considérer que le monde organique interprète (en
s'appuyant sur le FP 1885-1886, 2 [148] déjà cité), cette
assertion est-elle tenable à propos de l'inorganique ? S'il
est possible d'admettre que la vie, non comme principe
métaphysique mais en tant qu'ensemble des vivants, est
volonté de puissance, peut-on sérieusement étendre cette
logique au domaine minéral ou plus largement au monde
physique ?

L'audace du § 36 de *Par-delà bien et mal* consiste
précisément en une invitation à répondre par l'affirmative, ce que confirment certains fragments posthumes
(FP 1885-1886, 1 [30]), dans lesquels Nietzsche est
en quête d'un lien entre mondes inorganique et organique (FP 1885, 36 [21] et 36 [22] ; FP 1885, 39
[13]). Dans ces recherches, il mentionne de manière
complexe la possibilité d'une forme de perception ou
de reconnaissance au sein de l'inorganique (FP 1883,
12 [27] ; FP 1885, 35 [53] et 35 [59]) et travaille la
question de la pertinence de la préséance de l'un de ces
deux mondes sur l'autre. Si l'inorganique naît ou peut
éventuellement naître de l'organique (FP 1872-1873,

23 [34] ; FP 1881, 12 [15]), conférer une dimension dogmatique à cette distinction constituerait une impasse dans la mesure où « c'est la volonté de puissance qui mène également le monde inorganique, ou plutôt [...] il n'y a pas de monde inorganique » (FP 1885, 34 [247]). En tout cas, « le monde que l'on appelle mécanique (ou "matériel") » est selon Nietzsche à tenir pour « une forme plus primitive du monde des affects » (PBM, § 36), autrement dit à considérer comme une « *préforme* de la vie » (*ibid.*). L'effort d'unification requis par cette deuxième étape du *Versuch* – le « philosopher historique » à l'œuvre, comme ouverture au devenir dans son ensemble et donc à l'histoire naturelle – pousse ainsi à concevoir, par-delà une distinction trop rigide entre mondes inorganique et organique, la « puissante unité » (*ibid.*) de la réalité, comme conséquence de cette tentative (*Versuch*) d'appréhension de la réalité à partir de la volonté de puissance.

Mais que penser de cette orientation vers l'unité ? N'est-elle pas déconcertante ? Nietzsche détecte en effet dans cette tendance générale la survivance archaïque, typique des organismes inférieurs, d'une simplification abusive du caractère multiple de la réalité (HTH, I, § 18) devenue un véritable « préjugé de la raison » (CI, III, § 5). Le risque est majeur : malgré les efforts propres au « nouveau langage », *la* volonté de puissance dit le multiple dans une formule hélas susceptible de le résorber dans un « en soi » fictif. Mais Nietzsche distingue différents types de volontés de puissance (nous y reviendrons) et s'efforce de préciser l'idiosyncrasie en dessous du type (par exemple : CI, II, notamment le § 4) sans méconnaître une fragmentation de plus vaste ampleur dans la mesure où « ces êtres vivants microscopiques qui constituent notre corps » sont « des êtres qui croissent, luttent, se multiplient ou dépérissent : si bien que leur nombre change perpétuellement » (FP 1885, 37 [4], trad. modifiée). Pour s'en tenir à l'homme, à titre d'exemple, il est alors possible d'écrire : « *L'homme en tant que multiplicité de "volontés de puissance" : chacune avec une multiplicité de moyens d'expression et de formes* » (FP 1885-1886, 1 [58]).

Plus largement, ce sont *les* volontés de puissance qui interprètent, autrement dit : qui s'interprètent les unes les autres, dans l'ordre de la lutte. Il n'y a pas d'autre réalité. Ainsi, pas plus qu'il ne cède au mobilisme universel indicible, Nietzsche ne s'enlise dans l'identité à soi la plus statique : parler de *la* volonté de puissance permet d'éviter la dispersion ou l'errance dans la spirale du multiple ; se pencher sur la différenciation toujours plus poussée *des* volontés de puissance rend justice au caractère dynamique de la réalité. Sous peine de se noyer dans le fleuve du devenir, l'unité est requise, mais celle-ci ne va pas sans les oppositions qui la constituent et que condense la formule « volonté de puissance ». La « puissante unité » (PBM, § 36) dont parle Nietzsche est en effet à entendre à partir d'une acception spécifique :

> Toute unité *n'*est unité *qu'*en tant qu'*organisation* et *jeu mutuel* : tout comme une communauté humaine est une unité, et pas autrement : donc le *contraire* de l'*anarchie* atomiste ; et donc une *configuration de domination*, qui *signifie* l'un, mais n'*est* pas une (FP 1885-1886, 2 [87], trad. modifiée).

L'unité de la volonté de puissance (*Wille zur Macht*) ne correspond donc pas à celle de la volonté (*Wille*) schopenhauérienne. Il est vrai que l'hypothèse d'une filiation est d'emblée tentante dans la mesure où Schopenhauer est notamment l'auteur de ces lignes :

> Qu'il faille [...] attribuer une *Volonté* à l'univers
> inanimé, inorganique, c'est moi qui fus le premier à
> le dire. Car chez moi la Volonté n'est pas, comme on
> le pensait jusqu'ici, un accident de la connaissance et
> donc de la vie. Au contraire, c'est la vie elle-même qui
> est phénomène de la Volonté [1].

Certes, la volonté dépeinte par Schopenhauer et la
volonté de puissance nietzschéenne sont toutes deux
irréductibles à une faculté du sujet mais le premier, à
la différence du second, examine la volonté dans une
perspective métaphysique et l'assimile à la chose en
soi (MVR, II, § 21). Schopenhauer se présente ainsi
comme le continuateur d'un Kant qui, en développant
ce registre de la chose en soi, pressentirait la volonté
schopenhauérienne (MVR, Appendice : « Critique de
la philosophie kantienne », *op. cit.*, p. 905), cette réalité
essentielle que la volonté de vie (*Wille zum Leben*)
manifeste sur le plan phénoménal, dans l'ordre de la
représentation (MVR, IV, § 54). Or, contre Schopenhauer,
la volonté procède selon Nietzsche de la représentation
(GS, § 127 : « pour qu'apparaisse de la volonté, une
représentation de plaisir et de déplaisir est nécessaire »)
et est irréductible à un fondement métaphysique unitaire :
« complexe de sentir et de penser » (PBM, § 19) *et*
affect de commandement (*ibid.* ; GS, § 347), elle relève
indiscutablement du multiple conflictuel que l'unité
simplement « verbale » du terme ne peut définitivement
camoufler (PBM, § 19).

L'unité riche d'oppositions, caractéristique de la
volonté de puissance, ne trouve-t-elle pas plutôt son

---

1. Arthur Schopenhauer, *De la volonté dans la nature*, « Astronomie
physique » [1836], 2ᵉ éd. 1854, Paris, P.U.F., 1969, rééd. P.U.F.,
« Quadrige », 1996, trad. fr. É. Sans, p. 138.

origine dans la volonté de vie schopenhauérienne, aux manifestations différenciées ? Mais, ainsi que Nietzsche le rappelle, Schopenhauer considère que ces manifestations ne se déploient que sur fond d'unicité et d'indivision de la volonté de vie en chaque être (GS, § 99). C'est pourquoi, suite à l'utilisation d'une locution proche (APZ, II, « Du surpassement de soi » : « la volonté de puissance, – la volonté de vivre [*Lebens-Wille*] que rien n'épuise et qui crée »), Nietzsche, par la bouche de Zarathoustra, choisit en connaissance de cause de se détourner de la tournure spécifiquement employée par Schopenhauer (*Wille zum Leben*) au profit de sa propre formulation, pour mettre en évidence le caractère inédit de celle-ci : « non volonté de vie [*nicht Wille zum Leben*], mais, – tel est mon enseignement –, volonté de puissance [*Wille zur Macht*] ! » (APZ, II, « Du surpassement de soi »). Jusqu'au terme de son parcours philosophique, Nietzsche refuse de rapprocher la volonté de puissance de la volonté ou de la volonté de vie schopenhauériennes (FP 1888, 14 [121]).

Le lecteur de l'œuvre de Nietzsche optera donc indifféremment pour l'une ou l'autre de ces deux phrases récapitulatives : « en tant qu'unité constituée d'oppositions, la volonté de puissance interprète », ou « les volontés de puissance s'interprètent ». Pourtant, si Nietzsche est soucieux de prendre ses distances vis-à-vis de la terminologie de Schopenhauer au profit de la construction de son « nouveau langage », il s'inquiète tout autant de figer ce dernier, au risque de favoriser une fois encore l'hypothèse selon laquelle la volonté de puissance, comme concept métaphysique, se substituerait simplement dans l'histoire des idées philosophiques à d'autres concepts métaphysiques. La volonté de puissance est un essai (*Versuch*) tout à la fois revendiqué *et* problématisé par son concepteur, qui anticipe déjà les objections que sa tentative ne peut que susciter.

Ainsi, lorsque Nietzsche rapporte la physique – comme mise en conformité de la nature avec des lois – aux instincts démocratiques à l'œuvre dans la modernité, c'est-à-dire à des tendances veules qui refusent d'apercevoir la recherche de puissance dans les plus petites parcelles de l'univers, il donne voix au terme de son développement aux réserves que cette utilisation de la volonté de puissance alimentera inéluctablement : « À supposer que cela aussi ne soit que de l'interprétation [*Interpretation*] – et vous mourrez d'envie de faire cette objection ? – eh bien, tant mieux. – » (PBM, § 22). Arrogance ? Désinvolture ? Auquel cas : pareille légèreté peut-elle avoir droit de cité dans l'ordre de la recherche philosophique ? Mais cet amusement, impertinent *et* sagace, dit sans doute l'essentiel : remettre en cause cette tentative qu'est la volonté de puissance est conforme à ce que cette expression s'efforce de dire, à savoir la dynamique de la réalité comme interprétations en lutte. On se focalisera donc moins sur la dénomination que sur sa teneur, sous peine de retomber dans la croyance selon laquelle le langage peut dire adéquatement l'être qu'il vise, et ce de manière définitive. Dans un monde d'interprétations en devenir, demeurer le plus possible arc-bouté sur l'une d'entre elles, fût-elle récapitulative, traduirait l'irrépressible nostalgie de la vérité absolue. Après tout, « tant mieux » si la volonté de puissance échappe au fétichisme du langage. C'est « interprétations » qui est à penser, dans ses ultimes conséquences : si tout est interprétations conflictuelles, « la » réalité a-t-elle encore de la consistance ou le cosmos présumé est-il « de toute éternité chaos », « au sens de l'absence d'ordre, d'articulation, de forme, de beauté, de sagesse et de tous nos anthropomorphismes esthétiques quelque nom qu'on leur donne » (GS, § 109) ? En d'autres termes, le monde de la volonté de puissance est-il bien un *monde* ? La lutte des interprétations débouche-t-elle sur l'anomie la plus radicale ou la volonté de puissance est-elle compatible avec une organisation d'ensemble ? Par-delà le souci de la terminologie, telles sont les questions majeures.

Comme nous l'avions remarqué, Nietzsche envisage la réalité au moyen des « pulsions » dès le début de son œuvre. Doit-on affirmer que, dans la terminologie nietzschéenne ultérieure, celles-ci perdent en importance au profit de la volonté de puissance (FP 1885, 40 [61] : « Nos pulsions sont réductibles à *la volonté de puissance* ») ? Mais Nietzsche continue d'y faire référence, le « nouveau langage » recueillant divers apports pour dire la réalité. Pas plus que la volonté de puissance ne désigne l'interprétation ultime, les pulsions ne signifient des « atomes », c'est-à-dire les éléments discrets qui, associés, construisent la réalité. Il n'y a pas d'unité simple ou, pour le dire autrement, toute unité est devenue : il n'y a d'unité que sur fond d'oppositions qui constituent l'étoffe de la réalité. En ce sens, les pulsions sont des commodités (FP 1876-1877, 23 [9]) et non d'illusoires unités premières à partir desquelles composer synthétiquement la réalité. Ni « volonté de puissance » ni « pulsions » ne désignent un fait premier, qui expliquerait la réalité subséquente car, selon Nietzsche, « il n'y a pas de faits [*Thatsachen*], seulement des interprétations [*Interpretationen*] » (FP 1886-1887, 7 [60]).

Interprétation, vérité et art

Dans le fragment posthume qui vient d'être cité, Nietzsche s'oppose au positivisme dont le propre serait, d'après le contexte, de se cantonner aux phénomènes constitués par la science, qui permettent à la raison de prétendre statuer en vérité sur le monde. Ce fragment insiste alors sur quatre points : seules existent les interprétations, au détriment des faits indûment rapportés au registre de l'« en soi » ; le sujet comme principe des interprétations est une hypothèse coûteuse car cet être prétendument extérieur au processus interprétatif est fictif ; contre l'idée de sens ultime, le perspectivisme en tant que multiplicité des angles de vue et donc des significations est affirmé ; enfin, les interprétations sont rapportées au conflit pulsionnel, au sens où « chaque pulsion est un certain besoin de domination, chacune possède sa perspective qu'elle voudrait imposer comme norme à toutes les autres pulsions » (FP 1886-1887, 7 [60], trad. modifiée). Ces quatre points ont assez de densité pour être développés séparément ; ils peuvent cependant être articulés dans la mesure où affirmer qu'« il n'y a pas de faits, seulement des interprétations », c'est détruire l'horizon philosophique traditionnel, à savoir l'établissement de la vérité par un sujet soucieux de connaître de manière universelle et nécessaire. Penser, c'est interpréter, selon le processus suivant : certaines configurations pulsionnelles plus ou moins stables donnent du sens, c'est-à-dire s'approprient et régissent d'autres pulsions sans avoir l'assurance de détenir une fois pour toutes la prépondérance. Donner du sens, c'est attribuer une signification. Cette opération veut dire avant tout : imprimer une direction plus ou moins fermement, le cas extrême étant la mainmise voire l'assujettissement. La maîtrise intellectuelle est donc envisagée, dans sa genèse même, au moyen du lexique de la domination. Autrement dit, Nietzsche s'efforce d'exhumer le soubassement pratique de la pensée théorique. Il dérive la connaissance la plus noble en apparence d'une lutte souterraine, susceptible d'être acharnée. Par conséquent, la vérité est moins supprimée que retraduite de manière radicale. Aspirer à la vérité, c'est aspirer à la puissance.

Ainsi que Nietzsche l'écrit dans un fragment posthume, « c'est au service de la "volonté de puissance" que la "volonté de vérité" se développe » (FP 1885, 43 [1]), Zarathoustra précisant dans l'œuvre publiée que la vie elle-même lui a tenu les propos suivants : « Et toi aussi, toi qui accèdes à la connaissance, tu n'es qu'un sentier et la trace des pas de ma volonté : en vérité, ma volonté de puissance marche aussi sur les jambes de ta volonté de vérité » (APZ, II, « Du surpassement de soi »). Nietzsche refuse de décréter que l'homme est par nature un être téléologiquement orienté vers la vérité. L'aspiration à la vérité demeure problématique car elle exprime une tendance complexe : si la vérité n'est pas en elle-même une puissance (A, § 535), la « pulsion de vérité » (GS, § 110) se manifeste progressivement comme puissance au service de la vie alors qu'elle se détourne d'emblée de celle-ci. Cette thèse du § 110 du *Gai savoir* est à éclaircir.

Soumis à la peur de l'inattendu pendant des millénaires (HTH, I, § 169), l'homme a éprouvé un sentiment d'impuissance face au caractère imprévisible du réel (A, § 23). Pour conserver sa vie, il a alors simplifié le monde en produisant une logique approximative mais opératoire : par exemple, ramener le semblable à l'identique schématise la réalité infiniment différenciée mais cette assimilation forcée permet de faciliter l'action en préservant l'agent du doute inhibiteur (GS, § 111). C'est donc l'attachement à la vie qui conduit à appauvrir celle-ci. Ce que l'on appelle alors faute de mieux « vérité » n'est qu'une réduction du « flux du devenir » (GS, § 112). Ce continuum qu'est la réalité est de fait segmenté en éléments discrets tenus pour des faits premiers (GS, § 110 : « le fait qu'il existe des choses durables, qu'il existe des choses identiques, qu'il existe des choses, des matières, des corps […] ») alors que ces fictions rudimentaires constituent simplement des « erreurs » (*ibid.*) rassurantes et donc utiles. S'efforcer d'être en adéquation avec la complexité de la réalité fragiliserait la vie de sorte qu'originellement, la vérité irréductible à la schématisation est bien la « forme de connaissance la plus dénuée de force » (*ibid.*). Néanmoins, la réalité est si complexe qu'elle ne se laisse pas toujours simplifier de manière uniforme, d'où l'apparition de tensions entre ces interprétations sommaires distinctes qui indiquent que l'aspiration au vrai s'enrichit progressivement. Originairement indissociable de la quête de l'utile – dans l'ordre de la conservation de l'espèce –, cette aspiration devint un plaisir du jeu intellectuel plus raffiné avant d'exprimer une multitude de pulsions en quête de supériorité les unes sur les autres : « La connaissance devint donc une partie de la vie même et, en tant que vie, une puissance constamment en croissance » (*ibid.*).

La vérité est ainsi une interprétation qui refuse de se percevoir comme telle. Lorsque la science cultive « cette *volonté* d'en rester au factuel, au *factum brutum* [fait brut], ce fatalisme des *"petits faits"* (*ce petit faitalisme*, ainsi que [Nietzsche] le nomme) », elle prétend renoncer à l'interprétation (*Interpretation*), au sens de « l'activité consistant à faire violence, à réarranger, à abréger, à omettre, à remplir, à affabuler, à falsifier » (GM, III, § 24). Interpréter (*interpretieren*, *auslegen*), c'est donner forme et sens à telle ou telle partie de la réalité afin de s'en rendre maître (GM, II, § 12). C'est donc vainement que la démarche scientifique revendique sa neutralité, son objectivité, son impartialité autoproclamées pour prétendre faire exception à la vie comme dynamique interprétative (exemples : PBM, § 14 et 22). Qu'advient-il alors de la vérité ? Dans la mesure où la notion de « fait » est absorbée par celle d'« interprétation », la pensée de Nietzsche est-elle en chemin vers le subjectivisme ou le relativisme ?

Mais Nietzsche destitue le concept de sujet : comme substrat unitaire, fondement des pensées conscientes, celui-ci s'abîme dans la multiplicité des forces infra-conscientes et relève en définitive de la séduction du langage (PBM, § 16-17 ; GM, I, § 13). Quant au relativisme, il s'ancre dans la thèse de Protagoras selon laquelle l'homme est la mesure de toutes choses (Platon, *Théétète*, 152 a), formule critiquable (PBM, § 3) au sens où Nietzsche a tourné très tôt en dérision la vanité de l'intellect humain, porté à l'anthropocentrisme (VMSEM, début du § 1). Plus largement, s'inquiéter d'un risque de dérive subjectiviste ou relativiste, c'est cultiver une nostalgie de la préséance de la vérité au mépris de l'apport du cheminement de Nietzsche, qui invite à penser que la vérité n'est qu'un cas spécial de l'interprétation, orientée vers le gain de puissance. L'examen du processus de connaissance place en effet au premier plan le conflit pulsionnel (GS, § 110 : il serait vain de « nier la violence des pulsions dans le connaître »). Contre la conception d'un sujet fixe et unitaire, Nietzsche considère ainsi que « le cours des pensées et des conclusions logiques dans notre cerveau actuel correspond à un processus et à une lutte de pulsions qui en soi et à titre individuel sont toutes très illogiques et injustes » (GS, § 111), car la pensée scientifique elle-même résulte d'un ajustement progressif de ces pulsions d'emblée agressives les unes vis-à-vis des autres (GS, § 113). La connaissance, en général, est issue du combat entre pulsions partiales, qui parviennent à s'accommoder entre elles par « une espèce de justice et de contrat » (GS, § 333). Infra-conscient, cet accommodement demeure opaque. En résumé, si la vérité est susceptible de procurer de la puissance, il apparaît qu'elle procède elle-même de rapports complexes entre forces rivales en quête de puissance. Cas particulier de l'interprétation, elle provient de la justice comme équilibre construit petit à petit par des pulsions antagonistes initialement en quête de supériorité sans partage.

S'« il n'y a pas de faits, seulement des interprétations », la volonté de vérité demeure à interroger, comme en témoigne notamment la première section de *Par-delà bien et mal*. Cette volonté peut servir la vie. Nietzsche a en effet établi que, même si elle problématise le rapport immédiat à celle-ci, « la pulsion de vérité a *prouvé* qu'elle est aussi une puissance conservatrice de vie » (GS, § 110). Cependant, « la non-vérité » est tout autant « condition de vie » (PBM, § 4) dans la mesure où la vie est profusion de formes aperçues depuis de multiples angles de vue, que la distinction de la vérité et de l'erreur ne peut embrasser. Une fois encore, la logique des contraires crée des oppositions, c'est-à-dire des différences de nature alors qu'il n'existe que des différences de degrés

(PBM, § 1-4). La vérité trouve son origine dans l'erreur, le vrai intègre du faux mais, plus largement, le vrai et le faux désignent simplement des « degrés d'apparence [*Scheinbarkeit*] » (PBM, § 34). Nietzsche remarque ainsi que la profusion interprétative du monde pulsionnel brouille la certitude de bien distinguer rêve et réalité, imagination et expériences vécues (A, § 119). Mais si la réalité que prétend identifier la vérité est apparence, alors pourquoi vouloir la vérité « à tout prix » (GS, préface, § 4 ; GS, § 344) ?

La philosophie a cru que « Dieu est la vérité, que la vérité est divine » (GS, § 344), elle a posé la vérité « comme être, comme Dieu, comme autorité suprême elle-même » (GM, III, § 24) or elle doit prendre acte du fait que « Dieu est mort » (GS, § 108, 125 et 343), énoncé complexe qui, dans ce contexte, renvoie moins à une déclaration générale d'athéisme qu'au constat de l'extinction des plus grands idéaux. Nietzsche s'autorise donc à reconsidérer « le principe, la croyance, la conviction qu'"il n'y a *rien* de *plus* nécessaire que la vérité, et que par rapport à elle, tout le reste n'a qu'une valeur de second ordre" » (GS, § 344). Son examen alimente l'hypothèse d'après laquelle la volonté prétendument « inconditionnée » de vérité exprime un parti-pris sous-jacent : « "je ne veux pas tromper, pas même moi-même" » (*ibid.*). Vouloir « à tout prix » la vérité exprime donc une orientation *morale* située à contre-courant de la vie qui « vise à l'apparence [*Anschein*] » (*ibid.*) et donc à la profusion des perspectives contre l'universalité escomptée de *la* vérité (PBM, § 34 : « il n'y aurait absolument aucune vie si elle ne reposait sur des appréciations perspectivistes et des apparences [*Scheinbarkeiten*] »).

Il convient dès lors de cultiver la sensibilité à « l'art [*Kunst*], entendu comme la *bonne* disposition envers l'apparence [*Schein*] » (GS, § 107), afin de retrouver cette dynamique perspectiviste de la vie (GS, § 299). Comme Nietzsche l'écrira plus tard, « *nous avons l'art* pour ne pas périr de la vérité » (FP 1888, 16 [40], trad. modifiée), celle-ci étant tenue pour un prisme étriqué. L'orientation morale qui conditionne la quête indéfectible de vérité est même raillée : on sait que, traduit par « vérité », le mot grec *aléthéia* signifie la sortie de l'oubli, le dé-voilement de ce qui demeurait dissimulé. Par conséquent, chercher à tout dévoiler pourrait relever de l'impudeur (GS, préface, § 4). S'en tenir à la détermination de la réalité comme jeu d'apparences, y prendre plaisir grâce à l'art qui le célèbre en le redoublant, équivaudrait à demeurer « superficiels… *par profondeur* ! » (*ibid.*), contre la vaine nostalgie des arrière-mondes.

Si la vérité n'est qu'un cas spécial de l'interprétation, c'est parce que celle-ci, sans cesse renouvelée, perspectiviste, est faite de décalages, d'adoption de nouveaux angles de vue sur une réalité toujours retraduite. En somme, si la vérité n'est qu'un cas particulier de l'interprétation, c'est parce que la dynamique interprétative qui produit sans cesse la réalité est celle de l'art. Cette dynamique artistique est indissociable de l'erreur, du mensonge, de l'illusion, de l'apparence, c'est-à-dire, quelque nom qu'on lui donne, d'une célébration de la métamorphose inhérente à la réalité comme devenir. Mais le champ de l'art ne se restreint pas au plaisir du spectateur. Contre une esthétique simplement contemplative, le « faire » de l'artiste qui interprète le monde au moyen de ses diverses productions est à accueillir et à prolonger. Sans accepter la scission traditionnelle entre théorie et pratique, les

« philosophes de l'avenir » doivent penser la multiplicité du monde de manière elle-même plurielle (*Versuch*) pour mieux le façonner, c'est-à-dire l'ordonner fermement. Nietzsche écrit ainsi, à propos des « philosophes *nouveaux* » (PBM, § 44 et 210) dont il prépare la venue, que « leur volonté de vérité est – *volonté de puissance* » (PBM, § 211), l'idéal d'adéquation figée à un réel appauvri étant en eux surmonté au profit d'un surplus créateur.

Il s'avère donc que la réalité consiste en interprétations au sens où des pulsions en quête de puissance se donnent forme et sens. Leurs rapports de subordination sont parfois réversibles (FP 1885, 34 [123]) et s'avèrent en tout cas plastiques, par-delà toute réification du sujet et de l'objet. Interpréter est ainsi un processus pratique, au demeurant fort complexe car aucun but (*Zweck*) ne peut servir de guide incontestable (GS, § 1 ; CI, VI, § 8). La confrontation des volontés de puissance peut-elle alors échapper au chaos ? Afin de rendre possible la tâche d'ordonnancement du monde propre aux « philosophes de l'avenir », l'examen généalogique des valeurs susceptibles de guider jugements et actions s'impose.

Généalogie : l'interprétation en quête de valeurs

Lorsque Nietzsche s'interroge sur « la tâche d'avenir du philosophe », il la définit en ces termes : « le philosophe doit résoudre le *problème de la valeur*, […] il doit déterminer la *hiérarchie des valeurs* » (GM, I, § 17). En effet, si la vérité est absorbée par le terme générique d'interprétation, toutes les interprétations ne se *valent* pas. Quelles sont celles qui intensifient l'existence ? C'est avec cette question que se joue la possibilité d'élévation de la réalité comme dynamique interprétative. Avant de se manifester ultérieurement comme législateur, le philosophe doit donc pratiquer la *généalogie* de nos valeurs (*Werthe*) ou de nos évaluations (*Werthschätzungen*). « Généalogie » signifie communément l'établissement ardu d'une lignée, l'identification des ancêtres les plus lointains se faisant de plus en plus malaisée, faute d'information fiable. Cette recherche renvoie de surcroît le généalogiste à des secrets de famille plus ou moins avouables : la généalogie nietzschéenne conserve cette dimension, l'investigation sur les valeurs confrontant à l'origine honteuse (*pudenda origo* : FP 1885-1886, 2 [189]) ou plus largement au registre de la « ténébreuse affaire » (GM, II, § 3-4), c'est-à-dire au corps (*Leib*), dans une signification rénovée.

Qu'il s'agisse de Paul Rée ou des utilitaristes anglais, les « généalogistes de la morale » (GM, préface, § 4) antérieurs à Nietzsche ont, d'après ce dernier, sous-estimé l'importance du corps dans l'élaboration de nos pensées. Phénomène interprétatif, la pensée procède du corps redéfini, dans la mesure où Nietzsche se présente comme « le plus strict adversaire de tout matérialisme » (GM, III, § 16). Le corps n'est pas une substance séparée ; corps et esprit sont métaphores (transpositions, retraductions : interprétations) l'un de l'autre : l'esprit se dit en termes corporels (il est rapporté à l'estomac dans APZ, III, « Des vieilles et des nouvelles tables », § 16 et PBM, § 230) et le corps est envisagé sur un mode spirituel (PBM, § 19 : « notre corps n'est […] qu'une structure sociale composée de nombreuses âmes »). Contre la réification de ces contraires, une « physio-psychologie » est à construire. C'est déjà dans cette optique « physio-psychologique » qu'il convient d'entendre Zarathoustra lorsqu'il affirme que « le corps est raison, une grande raison » (APZ, I,

« Des contempteurs du corps ») distincte de ce que la philosophie appelle usuellement *la* raison, dès lors assimilée à une « petite raison », abstraite, formelle, qui s'évertue à voiler son origine impure (*ibid.* : « Ta petite raison, elle aussi, mon frère, que tu appelles "esprit" est un outil de ton corps, un petit outil, un petit jouet de ta grande raison »). Nietzsche tente alors de mesurer la portée de cette amorce d'enquête généalogique :

> Le déguisement inconscient de besoins physiologiques sous le costume de l'objectif, de l'idéel, du purement spirituel atteint un degré terrifiant, – et assez souvent, je me suis demandé si, somme toute, la philosophie jusqu'à aujourd'hui n'a pas été seulement une interprétation [*Auslegung*] du corps et une *mécompréhension du corps*. Derrière les jugements de valeur suprêmes qui ont jusqu'à présent guidé l'histoire de la pensée se cachent des mécompréhensions relatives à la constitution du corps, que ce soit de la part d'individus, de classes ou de races entières (GS, préface, § 2).

Le corps abrite et produit des valeurs, la vérité n'étant que l'une de celles-ci. Rester spectateur de cette confrontation de valeurs multiples réintroduirait une forme de relativisme guidé par l'indifférence alors qu'une hiérarchie (*Rangordnung*) des valeurs est à établir. Mais il ne s'agit pas de proposer une morale de plus, au sein d'une philosophie prématurément prescriptive ou normative. Pour le dire dans le « nouveau langage » de Nietzsche : afin d'être pleinement le « médecin » initiateur de la « santé [*Gesundheit*] » du « corps » aussi bien individuel que collectif – le corps politique, la culture en général doivent redevenir capables d'« avenir » –, le philosophe doit se faire plus précisément « généalogiste » et donc envisager l'évaluation *comme problème*.

La valeur n'est en effet qu'une abstraction ; il n'existe de valeurs qu'*incorporées*, depuis plus ou moins longtemps. Telle valeur est en quelque sorte la stabilisation de pulsions orientées dans la même direction. Des poussées multiples, distinctes, mais convergentes qui manifestent une dynamique progressive d'unification donnent ainsi lieu à des tendances homogènes, puis à des normes précises au sein du corps comme complexe physio-psychologique. En conséquence, si certaines pulsions demeurent éphémères, d'autres s'affermissent et durent à titre de valeurs, c'est-à-dire de préférences constantes, qu'elles soient infra-conscientes ou réfléchies, voire théorisées. Telle valeur (*Werth*) peut en effet être inaperçue par celui qui l'abrite, qu'elle relève du comportement automatique vital ou de ces évidences personnelles subies sans être jamais questionnées que Nietzsche appelle convictions. Mais « l'homme s'est désigné comme l'être qui mesure des valeurs [*Werthe*], qui évalue [*werthet*] et mesure, comme l'"animal estimateur [*abschätzende*] en soi" » (GM, II, § 8). Il produit consciemment des « évaluations [*Werthschätzungen*] », des «*fixations* de valeurs », ces « créations de valeurs opérées autrefois, qui en sont venues à dominer et ont été appelées pour quelque temps "vérités" » (PBM, § 211). De la soumission irréfléchie à des inclinations jusqu'au choix revendiqué d'une ligne de conduite, le terme générique de valeur se réfère donc à un *continuum*.

De manière unitaire, la valeur est à penser dans la logique de la puissance, dans la mesure où « derrière toute logique […] et son apparente souveraineté de mouvement se trouvent des évaluations [*Werthschätzungen*], pour parler plus clairement, des exigences physiologiques liées à la conservation d'une espèce déterminée de vie »

(PBM, § 3). La conservation n'est qu'un cas particulier de la volonté propre à la vie d'accroître sa puissance (PBM, § 13). Un fragment posthume récapitule ces éléments : « Le point de vue de la "valeur [*Werth*]" est le point de vue des *conditions de conservation et d'intensification* eu égard à des formations complexes d'une relative durée de vie au sein du devenir » (FP 1887-1888, 11 [73]). Enquête sur la puissance corporelle, la généalogie considère alors le problème de l'évaluation selon deux perspectives complémentaires : d'une part, examiner la provenance des valeurs (GM, préface, § 2) ; d'autre part, statuer sur la valeur de ces valeurs : « nous avons besoin d'une *critique* des valeurs morales, il faut *remettre une bonne fois en question la valeur de ces valeurs elle-même* » (GM, préface, § 6). Ces deux chemins sont d'emblée des chemins interprétatifs ouverts.

Le premier axe d'investigation est centré sur l'origine (*Ursprung*), l'émergence (*Entstehung*) ou, plus fréquemment sous la plume de Nietzsche, la prove-nance (*Herkunft*) des valeurs. Pourquoi s'orienter ainsi vers la genèse des évaluations ? Assurément pour mieux les circonscrire et donc s'orienter vers leur maîtrise, mais également pour éviter la confusion typique de la philosophie entre ce qui, dans la réalité, vient en dernier et ce qui vient en premier (HTH, I, section I : « Des premières et des dernières choses », trad. modifiée ; CI, III, § 4). Les valeurs ne sont pas d'abord des idées abstraites ou même des représentations intellectuelles. Elles sont avant tout des tendances physio-psychologiques dont l'analyse réclame de prendre le corps comme « fil conducteur [*Leitfaden*] » (cette expression est principalement utilisée dans des fragments posthumes de 1885-1886 ; pour son rapport à la généalogie : FP 1884, 26 [432]), dans la mesure où c'est « le corps qui philosophe » (FP 1882-1883, 5 [32]). Mais cette analyse peut-elle aboutir à des éléments premiers ? La réalité étant envisagée comme palimpseste ou myriopseste, l'acte de naissance d'une valeur ne peut être déterminé de manière univoque. Nietzsche multiplie ainsi les hypothèses à propos des sources d'une préférence pulsionnelle marquée, en proposant parfois une longue énumération de ses provenances possibles, rythmée par la récurrence de l'anaphore « Ou [*Oder*]... Ou [*Oder*]... Ou [*Oder*]... » (exemples : GS, § 335 ; GM, I, § 1 ; CI, V, § 3).

La deuxième phase est elle aussi ouverte. S'intéressant par exemple au châtiment (*Strafe*), Nietzsche indique que celui-ci est devenu un dispositif qui s'impose avec évidence, avant de proposer l'inventaire de ses différents sens, autrement dit de ses différentes fonctions, consécutives d'une estimation positive. La valeur de cette valeur qu'est le châtiment apparaît alors dans son irréductible multiplicité (GM, II, § 13). Ce recensement est récapitulé comme suit : « Cette liste n'est certes pas exhaustive ; le châtiment est manifestement surchargé d'utilités en tous genres » (GM, II, § 14). Dans son développement en deux étapes complémentaires, la généalogie se présente ainsi, à première vue, comme le travail infini de l'interprétation. Pourtant, la lecture des textes généalogiques de Nietzsche n'incite-t-elle pas à affirmer que la généalogie est tout de même fréquemment constituée de jugements lapidaires, voire brutaux ?

D'une part, la quête de la provenance des valeurs peut à l'évidence être démystificatrice. C'est notamment le cas pour l'amour chrétien, tenu pour le masque de la vengeance (GM, I, § 8), du ressentiment (GM, I, § 14) et de la décadence (EH, IV, § 7). Dans cette perspective, le lexique abstrait du christianisme est rapporté crûment à une réalité corporelle frappée par la souffrance (AC, § 15).

D'autre part, l'examen de la valeur des valeurs est fréquemment sans concession. Par exemple, Nietzsche fustige les « idées modernes » qui, inspirées par la pitié, valorisent l'égalité juridique et sociale sous couvert de « progrès » (CI, IX, § 48), alors que ces revendications relèvent de la décadence. Cette tendance régressive, typique de la « désagrégation des instincts », est opposée sèchement à l'élévation de la vie (CI, IX, § 35).

Néanmoins, le début de la *Généalogie de la morale* précise que l'entreprise généalogique ne se résorbe pas dans la volonté pernicieuse de salir les motivations humaines (GM, I, § 1). Pour démentir l'éventualité d'une dépréciation systématique, on pourrait du reste insister sur la possibilité de diagnostics généalogiques positifs. Par exemple : « Les jugements de valeur des aristocraties de chevaliers ont pour présupposé une vitalité physique puissante, une santé florissante, riche, débordante même, avec ce qui est la condition de sa conservation, la guerre, l'aventure, la chasse, la danse, les joutes et de manière générale tout ce que comprend l'agir fort, libre, joyeux » (GM, I, § 7). Plus profondément, s'il est vrai que cet ouvrage a pour sous-titre « Écrit de combat », la hiérarchie n'implique pas la négation. Autrement dit, échelonner les valeurs ne dispense pas, conformément à la démarche générale du *Versuch*, de reconnaître le caractère fructueux de ce à quoi l'on s'oppose pourtant d'emblée. Si l'on s'en tient aux exemples précités, Nietzsche considère en effet que c'est à partir du christianisme que l'homme s'est doté d'une intériorité complexe et qu'il est ainsi devenu « *intéressant* » (GM, I, § 6 ; AC, § 14). Il admet de surcroît que la démocratie européenne peut faire émerger quelques hommes d'exception (PBM, § 242). Enfin, il reconnaît la paradoxale fécondité de la maladie (HTH, II, préface) – il se considère d'ailleurs lui-même comme un décadent atypique (EH, I, § 1-2).

La provenance des valeurs et la valeur des valeurs ne sont cependant pas simplement renvoyées à l'infini car le caractère interprétatif de la généalogie, en ses deux étapes, est articulé à des *types* de configurations pulsionnelles. Les valeurs n'existent pas en soi, elles sont fixées par des types, distingués selon leur puissance respective (HTH, I, § 45 ; GM, I, § 7). Mais quel crédit accorder à cette notion de type ? S'agit-il d'une simple modélisation heuristique, le flux des pulsions débouchant sur des configurations toujours idiosyncrasiques et éphémères, au vu de la réalité conçue comme devenir le plus radical, c'est-à-dire comme mobilisme universel ? Il existe cependant des régularités dans le cours des pulsions, de sorte que parler de types de volontés de puissance n'est pas simplement une commodité linguistique. Nietzsche précise ainsi que ces types peuvent se forger de manière conflictuelle, au contact d'un milieu extérieur difficile (PBM, § 262). De manière plus globale, à contre-courant du caractère évanescent de réalités nécessairement singulières, il arrive que « le *tempo* de la vie se ralenti[sse], se fa[sse] dense et s'écoule comme du miel » (GS, § 376), d'où l'apparition de configurations pulsionnelles stabilisées. Nietzsche tient alors pour pleinement légitime la démarche suivante :

> Rassembler les matériaux, saisir et organiser conceptuellement un formidable royaume de délicats sentiments de valeur et différences de valeur qui vivent, croissent, se multiplient et périssent, – et peut-être tenter

de mettre en évidence les configurations récurrentes les plus fréquentes de cette cristallisation vivante, – pour préparer une *typologie* de la morale (PBM, § 186).

Cette typologie établit qu'« il y a une *morale de maîtres* et une *morale d'esclaves* » (PBM, § 260 ; remarquons que PBM, § 242 permet d'entrevoir l'extension du concept d'esclavage dans le lexique de Nietzsche). Dans la *Généalogie de la morale*, Nietzsche considère que, lorsqu'il évalue, le noble commence par acquiescer à lui-même ; fort de cette plénitude débordante, il ne se tourne qu'ensuite vers le monde. À l'inverse, l'esclave part de l'extériorité, pour la nier et donc s'en plaindre (GM, I, § 10). Ainsi, un type de volonté de puissance évalue en surabondant (à partir de soi) ; son opposé estime le monde en y réagissant, sur le mode de l'envie et de la convoitise. Cette distinction ne s'applique pas qu'au plan de la hiérarchie sociale. Pour s'en tenir à deux exemples, elle concerne des réalités pulsionnelles d'emblée aussi différenciées que l'amour (A, § 145 : « L'un est vide et veut s'emplir, l'autre déborde et veut s'épancher, – tous deux vont se mettre à la recherche d'un individu qui le leur permette ») et l'adoption de valeurs esthétiques (GS, § 370 : « À propos de toutes les valeurs esthétiques, je me sers désormais de cette distinction fondamentale : je demande, dans chaque cas particulier, "est-ce ici la faim ou la surabondance qui est devenue créatrice ?" »). Dès lors, même si cette typologie révèle « deux types fondamentaux », Nietzsche ne réhabilite pas soudainement la substantialisation de contraires car la morale de maîtres et la morale d'esclaves peuvent se manifester « jusque dans un même homme, au sein d'une seule et unique âme » (PBM, § 260).

Quelles sont donc les valeurs qui permettent l'intensification de l'existence ? Ce sont les valeurs affirmatives qui, issues d'une santé vigoureuse, disent oui à la vie sans réserve et permettent ainsi de *créer* à partir d'un surcroît de puissance, selon une dynamique d'élévation de la réalité qui est bien celle de l'art (nous y reviendrons). Acquiescer à la totalité de la réalité est pourtant une gageure. Qui n'a jamais souhaité une moralisation de l'humanité qui délivrerait celle-ci, sinon de la totalité du mal, tout au moins de ses maux les plus injustes ? Mais ce projet d'amélioration participe d'un idéal mensonger qui affaiblit l'homme en prétendant néanmoins le sauver (CI, VII, § 2). Il est vrai que la souffrance (*Leiden*) fait souffrir celui qui en est le témoin (A, § 77 (début) ; FP 1887, 10 [119] : « l'aspect de la souffrance nous bouleverse et nous arrache des larmes ») mais l'idéalisme dérive du manque de courage face au caractère inéluctable d'une certaine souffrance dans le monde. Si l'idéaliste préfère se mentir (AC, § 55 ; EH, IV, § 4) plutôt qu'apercevoir les aspects les plus brutaux du naturel humain (PBM, § 230), le réaliste a assez de force pour se détourner de la lâcheté (CI, X, § 2) et faire montre de probité. Distincte de l'objectivité scientifique, cette lucidité intègre relève bien du perspectivisme, les interprétations produites étant d'inégale profondeur. Au sommet de la hiérarchie, l'interprétation forte embrasse « tout ce qui est problématique et même terrible » (CI, III, § 6) et y souscrit :

> La connaissance, le dire oui à la réalité, voilà, pour l'homme fort, une nécessité aussi impérieuse que, pour l'homme faible, sous l'inspiration de la faiblesse, la lâcheté et la *fuite* devant la réalité – l'"idéal"… Ils ne sont pas libres de connaître : les *décadents* ont *besoin*

du mensonge – c'est l'une des conditions de leur conservation (EH, III, « NT », § 2).

Le « non » est donc le propre de la morale du ressentiment, inapte à l'élévation noble (GM, I, § 10-11 ; AC, § 24). Néanmoins, au vu de la célèbre perspective nietzschéenne de l'éternel retour de toutes choses, l'acquiescement à toute la réalité implique un problème redoutable : peut-on vraiment dire oui à la répétition infinie de chaque état de la réalité sans faire vaciller sa stabilité mentale, au rebours de tout projet philosophique ? Et, si tout revient, la dynamique d'élévation de la réalité n'est-elle pas frappée d'absurdité ?

L'éternel retour : l'interprétation la plus périlleuse

Avant même d'envisager son rapport à l'affirmation, le statut de l'éternel retour de l'identique pose problème : s'agit-il d'une thèse, et même d'un véritable principe cosmique qui aurait pour fonction d'identifier *la* loi de la réalité, par-delà le perspectivisme ? Auquel cas, le *Versuch* philosophique s'interrompt-il au profit de la connaissance objective unitaire, qui supplanterait la démarche interprétative plurielle ?

En ce qui concerne l'émergence de cette idée, Nietzsche précise simplement que la pensée du retour s'est imposée à lui en août 1881 lorsqu'il fit une pause auprès d'un rocher lors d'une promenade « à travers bois, le long du lac de Silvaplana » (EH, III, « APZ », § 1). Expérience mystique, fulgurante révélation de « "la pensée la plus abyssale" » (EH, III, « APZ », § 6) ? Cependant, dans ce contexte, le concept de révélation (*Offenbarung*) est au mieux à compléter par celui d'inspiration (*Inspiration* : EH, III, « APZ », § 3) et, plus radicalement, à abandonner au vu de son arrière-plan théologique (FP 1881, 11 [142]). Il n'empêche : alors que tout est interprétation, surgit soudainement « la pensée des pensées » (FP 1881, 11 [143]), formule énigmatique qui pourrait bien signifier *la* vérité, supérieure à n'importe quelle interprétation, vérité susceptible d'unifier la totalité de l'univers... Le choc ressenti par l'individu Nietzsche peut du reste sembler disproportionné : après tout, pourquoi la réception de l'éternel retour est-elle vécue comme un événement incomparable ? Ne reconnaît-il pas lui-même que Héraclite ou les Stoïciens y ont peut-être déjà songé (EH, III, « NT », § 3), à l'instar des Pythagoriciens (UIHV, § 2) ? La fulgurance de cette idée qui n'est apparemment pas si neuve interroge.

La difficulté se prolonge car Nietzsche, dans ses œuvres publiées, aborde moins l'éternel retour en lui-même que ses conséquences sur l'homme confronté à l'idée de répétition infinie de chaque détail de l'existence. Il ne procède donc pas à l'exposition rationnelle d'un concept, mais demande à son lecteur comment celui-ci envisagerait de répondre *pratiquement* à la perspective de l'éternel retour (GS, § 341) avant de décrire des réactions possibles face à cette épreuve existentielle (APZ, III, « De la vision et de l'énigme » et « Le convalescent », principalement). Le contraste avec certains fragments posthumes dans lesquels se développe une tentative de fonder scientifiquement l'idée d'éternel retour est grand, et déroutant. Récapitulons rapidement cette investigation cosmologique.

D'une part, Nietzsche pose que le monde, toujours en mouvement, n'a pas d'état final (FP 1881, 11 [292]). D'autre part, le concept d'une force infinie est jugé incompatible avec le concept de force (FP 1881, 11 [345]). Dans la mesure où le temps est infini, la force « ne saurait plus créer des cas à l'infini, il lui faut se répéter : c'est là *ma propre* conclusion », écrit Nietzsche (FP 1881, 11 [269]). Cette position est justifiée ainsi : si le monde physique présente un nombre élevé de configurations possibles, ce nombre demeure déterminé, fini. Le caractère infini du temps implique alors que « tout a été là d'innombrables fois en ce sens que la situation d'ensemble de toutes les forces revient toujours » (FP 1881, 11 [202]). À partir de considérations physiques, Nietzsche en arrive ainsi à considérer l'existence comme un sablier sans cesse retourné (FP 1881, 11 [148]). A-t-on pour autant affaire à une connaissance objective, par-delà le perspectivisme ? Le caractère tâtonnant de ces investigations est manifeste. La recherche peut notamment d'un fragment à l'autre rétrocéder de la quête d'une démonstration (FP 1881, 11 [202]) au repli sur une démarche hypothétique (FP 1881, 11 [203] : « Pour peu que la répétition cyclique ne soit qu'une probabilité ou une possibilité »). Nietzsche a essayé de s'aider de la lecture d'ouvrages scientifiques, sans toutefois parvenir à en articuler irréfutablement les données, d'où un certain nombre d'objections possibles. Cependant, si l'éternel retour n'est pas fondé en vérité, cette idée ne joue-t-elle pas le rôle de vérité capitale, comme principe de l'univers, quand bien même sa démonstration demeurerait problématique ?

Rien n'est moins sûr. La question de savoir si Nietzsche a lui-même cru en l'éternel retour est d'ailleurs débattue par les commentateurs. Après tout, en août 1881, il a peut-être simplement aperçu subitement, de manière très intense, la fonction pratique que pouvait revêtir l'idée d'éternel retour, la question de la consistance théorique de cette idée n'étant pas jugée prioritaire. Quoi qu'il en soit, un fait demeure : dans l'œuvre publiée de Nietzsche, l'idée d'éternel retour se présente comme une interprétation de la réalité qui a valeur de test existentiel. En effet, si la mort de Dieu invite de manière très préoccupante au nihilisme, alors que faire ? S'adonner au nihilisme, ou tenter de l'ignorer ? Nietzsche dessine une troisième option : s'y confronter pour le surmonter en disant oui à la totalité de l'existence, pour les siècles passés et à venir. Se confronter à la possibilité de l'éternel retour est donc une épreuve, aux conséquences très concrètes. Dans cette perspective, Nietzsche interpelle son lecteur en imaginant un démon qui lui préciserait que chaque détail de sa vie doit être à nouveau vécu, « l'éternel sablier de l'existence » étant « sans cesse renversé » (GS, § 341). Deux solutions se dégagent alors : l'atterrement mêlé de rage (*ibid.* : « Ne te jetterais-tu pas par terre en grinçant des dents et en maudissant le démon qui parla ainsi ? ») mais également, contre toute attente, le ravissement suprême : « Ou bien as-tu vécu une fois un instant formidable où tu lui répondrais : "Tu es un dieu et jamais je n'entendis rien de plus divin !" » (*ibid.*). La pensée du retour est donc moins une thèse prétendant à l'objectivité qu'un défi posé à notre capacité d'affirmer la totalité de la réalité, pour l'éternité. Affirmer, en continuant d'agir, même si nos choix engagent le monde pour des siècles et des siècles : « la question, posée à propos de tout et de chaque chose, "veux-tu ceci encore une fois et encore d'innombrables fois ?" ferait peser sur ton agir le poids le plus lourd ! » (*ibid.*). Affirmer, en trouvant la force d'approuver l'épreuve proposée qui ouvre à l'amour de l'existence présente, passée et à venir, à l'échelle la plus grande que l'on puisse imaginer : « Ou combien te faudrait-il aimer et toi-même et la vie pour ne plus *aspirer* à rien d'autre qu'à donner cette approbation et apposer ce sceau ultime et éternel ? – » (*ibid.*).

Il est évidemment tentant d'esquiver la portée existentielle potentiellement destructrice de l'éternel retour, en envisageant celui-ci de manière abstraite. Tel est le choix du nain, lorsqu'il affirme que « le temps lui-même est un cercle » (APZ, III, « De la vision et de l'énigme », § 2). Mais Zarathoustra lui rétorque vivement : « ne te rends pas les choses trop faciles ! » (*ibid.*), tout comme il reproche à ses animaux de réduire l'éternel retour à une « rengaine » (APZ, III, « Le conva-lescent », § 2). Cette pensée doit être accueillie sans schématisation, en embrassant donc pleinement sa portée pratique. Comprenons bien qu'il ne s'agit pas simplement de reconduire l'opposition immédiate entre nécessité et liberté, opposition résorbée dès lors que, au sein de la nécessité, « l'illusion de l'acteur sur lui-même, le postulat de son libre arbitre, font partie intégrante de ce mécanisme à calculer » (HTH, I, § 106). Il s'agit d'éternité, tout étant certes écrit mais pour toujours, un « toujours » qui surpasse notre capacité de représentation.

On pourrait en périr. Zarathoustra décrit ainsi « un jeune berger, qui se tordait, étouffait, sursautait, le visage convulsé ; un serpent noir lui pendait de la bouche » (APZ, III, « De la vision et de l'énigme », § 2). Cet animal symbolise le nihilisme impliqué par l'éternel retour : dans la mesure où il se déplace en ondulant, ce reptile suggère l'image du cercle ; de surcroît, sa noirceur représente vraisemblablement la portée funeste de l'idée endurée. La menace d'étouffement n'est surmontée que par une confrontation directe. Le jeune berger suit le conseil de Zarathoustra, il sectionne avec ses dents la tête du serpent et se redresse enfin, métamorphosé et rieur (*ibid.*). Pourtant, le péril n'est pas définitivement surmonté. Zarathoustra est lui-même terrassé par la pensée du retour éternel. Du fait que la bassesse est insurmontable, que « l'homme petit revient éternellement » (APZ, III, « Le convalescent », § 2), il ressent à son tour du dégoût pour l'existence avant que, au terme de sa convalescence, l'amour de l'éternité ne se manifeste pleinement (« *Car je t'aime, ô éternité !* » clôture chacun des sept paragraphes d'APZ, III, « Les sept sceaux »).

Interprété d'emblée comme « la forme la plus extrême du nihilisme : le néant (l'"absence de sens") éternel ! » (FP 1886-1887, 5 [71] 6), l'éternel retour, s'il est appréhendé par un complexe physio-psychologique en définitive assez vigoureux, peut se réinterpréter sur un mode affirmatif en un dire oui à toute la vie pour les siècles passés et à venir. Cette approbation n'est pas réductible au oui acquis par principe des « satisfaits de tout », ces ânes qui n'ont pas à lutter dans leur chair contre le sentiment d'absurdité immédiate de l'existence. Le oui à valoriser est à conquérir sur un non qui s'impose tout d'abord massivement (APZ, III, « De l'esprit de pesanteur », § 2), si bien que l'*amor fati* (l'amour du destin) est le fruit d'une incorporation (*Einverleibung*) progressive (GS, § 276 ; EH, II, § 10 ; FP 1888, 16 [32]). Ainsi vécu, l'éternel retour constitue « la forme la plus haute d'acquiescement qui puisse être atteinte » (EH, III, « APZ », § 1).

Un pas supplémentaire est requis : le oui ne peut intensifier l'existence que si l'on participe à celle-ci activement, en effectuant des choix et donc en refusant, au profit d'autres, certaines options rencontrées lors de notre itinéraire. L'affirmation de toute la réalité, pour l'éternité, est bien à envisager dans le cadre d'une vie ascendante, non à la simple contemplation et encore moins au laisser-aller. Le « dire oui » est indissociable du « faire non » (EH, IV, § 2). Nietzsche insiste sur cette exigence : « pour dire oui, la négation *et l'anéantissement* sont des conditions nécessaires » (EH, IV, § 4). Mais le non peut-il à ce point s'associer au oui sans dénaturer celui-ci ? Il est certes possible de poser que, individuellement, l'« on n'est *fécond* qu'à ce prix : être riche en oppositions » (CI, V, § 3). Il n'en reste pas moins que « la philosophie de Nietzsche » est ici au pied du mur, l'éternel retour pouvant détruire sa cohérence. Dans l'œuvre publiée, le retour éternel de toutes choses est abordé rarement et avec beaucoup de prudence. Est-ce parce que Nietzsche était lui-même dépassé par l'intuition formidable, accueillie en août 1881 ? La pensée de l'éternel retour est-elle maîtrisable ? Les tensions qu'elle implique sont-elles surmontables ? On pourrait en rester là, au prétexte que vouloir à tout prix dissiper les contradictions de la pensée de Nietzsche relèverait d'un préjudiciable « manque de philologie » (PBM, § 47 ; FP 1888, 15 [82]), le lecteur projetant indûment une interprétation fautive sur l'œuvre à éclairer. Mais ce serait manquer le dionysiaque.

Nietzsche interprète Dionysos dans la perspective du dépassement des oppositions. Plus précisément, c'est parce que cette figure permet d'articuler volonté de puissance et éternel retour qu'elle invite à penser une solidarité au premier abord inenvisageable entre le oui et le non.

Dionysos est indiscutablement lié à l'idée de renaissance. Dépecé par les Titans, il est « adoré dans cet état sous le nom de Zagreus », les initiés des mystères attendant la venue d'un « troisième Dionysos » (NT,

§ 10). Il est même associé à l'idée de renaissance perpétuelle : « Dionysos mis en pièces est une *promesse* d'accès à la vie : il renaîtra éternellement et réchappera de la destruction » (FP 1888, 14 [89]). Nietzsche en fait le « *circulus vitiosus deus* [dieu cercle vicieux ou cercle vicieux divin] », qui a besoin du spectacle du monde comme cycle, et qui est plus précisément lui-même ce retour éternel (PBM, § 56), au sens du retour éternel du jeu interprétatif des volontés de puissance. Nietzsche envisage en effet le monde en ces termes :

> Une mer de forces en tempête et en flux perpétuel, éternellement en train de changer, éternellement en train de refluer, avec de gigantesques années au retour régulier, un flux et un reflux de ses formes, allant des plus simples aux plus complexes, des plus calmes, des plus fixes, des plus froides aux plus ardentes, aux plus violentes, aux plus contradictoires, pour revenir ensuite de la multiplicité à la simplicité, du jeu des contradictions au plaisir de l'harmonie, affirmant encore son être dans cette régularité des cycles et des années, se glorifiant dans la sainteté de ce qui doit éternellement revenir, comme un devenir qui ne connaît ni satiété, ni dégoût, ni lassitude – : voilà mon univers *dionysiaque* qui se crée et se détruit éternellement lui-même [...] – *Ce monde, c'est le monde de la volonté de puissance – et nul autre !* Et vous-mêmes, vous êtes aussi cette volonté de puissance – et rien d'autre ! (FP 1885, 38 [12], trad. modifiée).

Cet extrait considère que le monde est dionysiaque en ceci que les rapports de puissance qui le constituent se différencient cycliquement, de toute éternité. Cette répétition n'entraîne « ni dégoût, ni lassitude », si elle est pensée *à l'échelle la plus vaste*. N'oublions pas en effet que la saisie dionysiaque de l'existence s'effectue en deçà du principe d'individuation. S'il raisonne à son échelle, l'individu risque de se perdre dans cette contradiction inhibante : si tout ne cesse de revenir à l'identique, choisir « son » action peut-il avoir un sens (GS, § 341)? Mais le concept d'« individu » est faux (FP 1881, 11 [7]; FP 1885, 34 [123]; FP 1887, 9 [144]; CI, IX, § 33). Par-delà les êtres constitués, il n'existe que des relations (FP 1888, 14 [122]), ce qui invite à concevoir l'existence *en grand*. C'est pourquoi, en Dionysos, le conflit universel toujours renaissant s'approuve sans réserve : l'adjectif « dionysiaque » qualifie « un oui extasié dit au caractère total de la vie, toujours pareil à lui-même au milieu de ce qui change, pareillement puissant, pareillement bienheureux : la grande sym-pathie panthéiste dans la joie et dans la douleur, qui approuve et sanctifie même les propriétés les plus terribles et les plus problématiques de la vie, en partant d'une éternelle volonté de procréation, de fécondité, d'éternité : sentiment unitaire de la nécessité de créer et de détruire… » (FP 1888, 14 [14]). Par conséquent, saisie sous l'angle dionysiaque, la réalité exhibe éternellement le caractère coextensif de la création et de la destruction. Le « non » destructeur peut être un auxiliaire et même la condition du « oui » créateur. Encore une fois, c'est à une vaste échelle que le non s'articule au oui sans le dénaturer. Avec l'affirmation dionysiaque de l'éternel retour, c'est la dynamique différenciée de la totalité qui est approuvée, et même célébrée.

Soit, mais alors pourquoi s'adresser à l'individu pour lui présenter la pensée du retour éternel comme un défi personnel (GS, § 341)? Même si Nietzsche ne le dit pas explicitement en ces termes, ce premier angle de vue constituerait le versant apollinien, ancré dans le principe d'individuation, de la présentation de la doctrine (*Lehre*) du retour. Rares sont en effet les lecteurs capables d'embrasser la conception dionysiaque de la réalité. Étant donné la force persuasive de nos convictions, la prise de conscience de la dilution du moi dans la totalité – autrement dit dans l'éternelle récurrence des rapports de puissance – et l'acceptation de cette dilution ne se décrètent pas. L'accueil du dionysiaque présuppose une santé rayonnante, c'est-à-dire une complexion physio-psychologique extrêmement rare. Dès lors, présenter la pensée du retour sous l'angle du défi personnel, c'est prendre acte du fait que, nourris par une métaphysique qui privilégie l'être unitaire à la multiplicité du devenir et donc au caractère relationnel de toutes choses, les hommes admettent spontanément la validité du principe d'individuation. Dans ces conditions, l'éternel retour peut revêtir la fonction de moyen d'intensification de l'existence, adopté stratégiquement pour favoriser sur le long terme l'émergence du type surhumain. Nietzsche écrit en effet dans un fragment posthume : « À la place de la métaphysique et de la religion *la doctrine de l'éternel retour* (celle-ci en tant que moyen d'élevage et de sélection) » (FP 1887, 9 [8], trad. modifiée). Pareille interprétation incite alors à examiner la paradoxale fécondité du tragique pour l'élévation de la réalité envisagée comme culture.

Élever la réalité : le dionysiaque

Dionysos signifie « l'éternel retour de la vie ; […] le oui triomphant à la vie dépassant la mort et le changement » (CI, X, § 4), c'est-à-dire le fait d'*être soi-même* « le oui éternel à toutes choses » (EH, III, « APZ », § 6) au sens d'« *être soi-même* le plaisir éternel du devenir, – ce plaisir qui englobe encore le *plaisir pris à détruire…* » (CI, X, § 5). Par-delà la menace nihiliste, il nomme ainsi l'acceptation de la totalité de l'existence, indissociable de la volonté de l'intensifier. À la fin de l'ultime paragraphe de l'avant-dernière section du *Crépuscule des idoles*, Nietzsche se présente alors comme « l'ultime disciple du philosophe Dionysos », donc comme « celui qui enseigne l'éternel retour » (CI, X, § 5), juste avant de terminer cet ouvrage par une nouvelle section intitulée « Le marteau parle », simplement constituée d'un très bref extrait d'*Ainsi parlait Zarathoustra* (APZ, III, « Des vieilles et des nouvelles tables », § 29, repris en CI, XI). Cet extrait fait référence aux nouvelles valeurs (les « nouvelles tables ») à construire. Il consiste en un éloge de la dureté requise pour créer. Dans le droit fil du sous-titre de l'ouvrage (« Comment philosopher en maniant le marteau »), la continuité des deux dernières sections du *Crépuscule des idoles* doit être soulignée : l'image du marteau prolonge l'idée d'éternel retour dans la mesure où cet outil détruit *et* sculpte. La pensée du retour éternel est assimilée à un « marteau », (FP 1884, 26 [298] ; FP 1884, 27 [80] ; FP 1886-1887, 5 [70] ; FP 1886-1887, 7 [45] : FP 1888, 13 [3] et 13 [4]) car elle est appelée à forger la réalité. Contre les valeurs idéalistes traditionnelles (platoniciennes, chrétiennes) ou plus récentes (les « idées modernes » – rousseauistes, socialistes, anarchistes – qui, portées par la pitié, s'effraient de la moindre souffrance et valorisent donc l'égalité), un idéal nouveau est à dessiner, un « *contre-idéal* » (EH, III, « GM ») issu d'une santé débordante (GS, § 382 ; EH, III, « APZ », § 2). Autrement dit, c'est une idéalisation intensificatrice (CI, IX, § 8) qui est visée,

afin de destituer les valeurs (de fracasser au marteau les
« idoles ») qui conduisent à l'enlisement des hommes
contemporains dans la modernité.

En l'homme moderne, les valeurs se contredisent
(CW, Épilogue ; CI, IX, § 41). Mêlées, ses pulsions
proviennent aussi bien de la morale des maîtres que de
la morale d'esclaves. Plus largement, il est l'héritier de
multiples évaluations rencontrées dans l'histoire, pour
lesquelles il affiche une « curiosité servile de plébéien »
(PBM, § 224). En lui, les pulsions se mélangent au lieu
de se hiérarchiser. Pourtant, il est capable d'autodépassement (*Selbstüberwindung*). Apte à faire face au danger,
il éprouve ce que Nietzsche appelle « la démangeaison
de l'infini, de l'immense » (*ibid.*). La modernité est donc
à la croisée des chemins. Poussée par l'hypertrophie
du sens historique, elle peut vivre la mort de Dieu sur
le mode du relativisme, ferment du nihilisme. Élevée
par des « philosophes *nouveaux* », qui demandent à
chacun d'envisager son action à l'aune de l'éternel
retour, elle peut vivre la dévalorisation des valeurs
suprêmes (FP 1887, 9 [35]), c'est-à-dire le crépuscule
des idoles, comme une nouvelle aurore, autrement dit
comme un prélude à l'intensification de l'existence. Il
existe donc un nihilisme paradoxalement fructueux.
Distinct du nihilisme passif, typique de la faiblesse ou
de l'épuisement, le nihilisme « actif » est un signe de
force (*ibid.*). Guidé dans ce contexte par l'éternel retour
comme épreuve décisive (FP 1887, 9 [1] : « La doctrine
de l'*éternel retour* : en tant que nihilisme accompli, en
tant que *crise* »), il ne s'attaque aux valeurs en usage que
pour en produire de nouvelles, potentiellement salvatrices
pour la modernité.

Un renversement de toutes les valeurs (*Umwerthung aller Werthe*) est donc à impulser. L'individu Nietzsche a la configuration pulsionnelle requise pour guider ses débuts mais l'opération s'annonce de vaste ampleur. Elle requiert l'émergence de « philosophes de l'avenir » appelés à légiférer (PBM, § 210-211). Le renversement de toutes les valeurs est donc un processus, qui n'est uniformément négateur (« renversement », « toutes ») qu'en surface car il s'inscrit plus profondément dans le dire oui à la dynamique interprétative qui anime la réalité. Nietzsche précise ainsi : « J'apporte la contradiction comme on ne l'a jamais fait, et je suis malgré tout l'opposé d'un esprit qui dit non » (EH, IV, § 1). Par-delà l'individu Nietzsche, ces figures que sont Zarathoustra et Dionysos posent le problème « de savoir comment celui qui, à un degré inouï, dit non, *fait* non, à tout ce à quoi l'on a toujours dit oui jusqu'alors, peut être malgré tout l'opposé d'un esprit qui dit non » (EH, III, « APZ », § 6). En ce sens, les philosophes susceptibles de conduire le renversement de toutes les valeurs auront pour tâche de réinterpréter la réalité. Plus précisément, ils la forgeront en artisans ou en artistes, dans l'ordre pratique du *faire* producteur, aidés en cela par le marteau du retour, cette métaphore étant utilisée dans ce contexte pour envisager l'éternel retour comme pensée d'élevage. Si la formation intellectuelle (*Bildung*), l'éducation (*Erziehung*) s'adressent avant tout à l'esprit, l'élevage (*Züchtung*) envisage l'homme comme un dispositif physio-psychologique. Par conséquent, l'intensification de la réalité en tant que culture sera consécutive de l'incorporation (*Einverleibung*) sur le long terme de la pensée du retour. En effet, pour promouvoir de nouvelles valeurs, « il faut commencer par convaincre le *corps* » (CI, IX, § 47). Néanmoins, tout le monde ne passera pas avec succès l'épreuve de la confrontation avec l'éternel retour, loin s'en faut. Le renversement de toutes les valeurs ne peut être l'horizon axiologique de chacun, d'où le projet nietzschéen de « grande politique [*grosse Politik*] » (PBM, § 208).

Cette expression fait tout d'abord songer à la politique de Bismarck (1815-1898), que Nietzsche dénonce vivement car, sur la scène intérieure, celle-ci procède par calculs à court terme (la fameuse « politique réaliste [*Realpolitik*] » : GS, § 357) tandis que, sur le plan extérieur, elle exaspère l'égoïsme des populations (FP 1888-1889, 25 [6] 2) en alimentant les passions nationalistes. La grandeur autoproclamée est ainsi le masque inefficace d'une « *petite* politique » (EH, III, « CW », § 2), qui se construit au détriment de l'élévation culturelle (CI, VIII, § 1 et 3-4). La politique que Nietzsche appelle de ses vœux vise, au rebours de l'égalitarisme, la production d'êtres d'exception (PBM, § 126 : « Un peuple est le détour que fait la nature pour arriver à six ou sept grands hommes »), nobles c'est-à-dire *grands*, en un sens spécifique : « aujourd'hui, c'est le fait d'être noble, de vouloir être à part, de pouvoir être autre, de rester seul et de devoir vivre en ne dépendant que de soi-même qu'implique le concept de "grandeur [*Grösse*]" ; [...] la grandeur [*Grösse*] est-elle aujourd'hui – *possible*? » (PBM, § 212).

Irréductible à la conquête perpétuelle de nouveaux territoires, cette conception de la grandeur réclame une organisation sociale hiérarchisée (PBM, § 258), et même un système de castes (AC, § 57). On aura compris que, contre le « *misarchisme* [la haine de tout commandement] moderne » (GM, II, § 12), un modèle pyramidal est réhabilité. Il serait pourtant hâtif d'envisager une hiérarchie qui fixerait une fois pour toutes les rapports de puissance. Incontestablement, Nietzsche a écrit : « L'ordre des castes, la *hiérarchie*, ne formule rien que la loi suprême de la vie même ; la séparation des […] types est nécessaire à la conservation de la société, si l'on veut rendre possible des types plus élevés et suprêmes » (AC, § 57). Cependant, la loi de la vie est *tragique*, dans la mesure où « toutes les grandes choses périssent de leur propre fait, par un acte de suppression de soi [*Selbstaufhebung*] : c'est ce que veut la loi de la vie, la loi du nécessaire "dépassement de soi [*Selbstüberwindung*]" inhérent à l'essence de la vie » (GM, III, § 27). À l'échelon individuel, il existe déjà ce que Nietzsche appelle « la *rancune* de la grandeur : tout ce qui est grand, une œuvre, une action, une fois accompli, se retourne sans tarder *contre* son auteur » (EH, III, « APZ », § 5). À plus vaste échelle, la nature est « prodigue au-delà de toute mesure » (PBM, § 9), la réalité gaspille ce qu'elle contient de plus altier. À première vue désespérant, le caractère tragique de cette loi de la vie est pourtant à célébrer : « Le dire oui à la vie jusque dans ses problèmes les plus singuliers et les plus durs ; la volonté de vie se réjouissant en *sacrifiant* ses types suprêmes à sa propre inépuisabilité – c'est *cela* que j'ai appelé dionysiaque » (CI, X, § 5 ; EH, III, « NT », § 3).

Ces données doivent être bien présentes à l'esprit lorsque l'on aborde la nécessité, pour l'élévation de la culture, de frayer la voie vers le surhumain (*Übermensch*). Certes, « l'homme est l'*animal qui n'est pas encore fixé de manière stable* » (PBM, § 62) ; il est même, d'après Zarathoustra, « quelque chose qui doit être surmonté »

(APZ, Prologue, § 3), et plus précisément « une corde tendue entre l'animal et le surhumain » (APZ, Prologue, § 4). Nietzsche s'élève néanmoins contre la double méprise que son lecteur pourrait commettre. Tout d'abord, le surhumain demeure un homme : « Le problème que je pose [...] n'est pas de savoir ce qui doit remplacer l'humanité dans la suite des êtres (– l'homme est un *terme* –) : mais quel type d'homme on doit *dresser* [züchten], on doit *vouloir* comme type d'une valeur plus élevée, plus digne de vivre, plus sûr d'un avenir » (AC, § 3). Homme d'exception, à l'écart, le surhumain n'a pas vocation à diriger les hommes (FP 1883, 7 [21]). Ensuite, en liaison avec ces précisions, le type surhumain demeure un concept en construction (acceptant une forme d'imprécision, Nietzsche évoque ainsi seulement « une sorte de surhumain » en AC, § 4). Cette expression ne renvoie pas plus à l'homme supérieur dépeint par l'idéalisme (le « saint », le « génie », le « héros ») qu'à une vision « darwiniste » – caricaturée – de la nature (EH, III, § 1). Nietzsche prend en effet ses distances avec l'idée de lutte pour la vie (FP 1875, 12 [22]; GS, § 349), de fait réduite à la lecture sociale qu'en propose Spencer (1820-1903). Il se dresse contre « l'école de Darwin » en affirmant que « les espèces *ne* croissent *pas* en perfection : les faibles ne cessent de l'emporter sur les forts » (CI, IX, § 14). Ainsi, dans la réalité, ceux qui se rapprochent du surhumain sont rarissimes. Par exemple, Napoléon est présenté comme une « synthèse d'*inhumain* et de *surhumain* » (GM, I, § 16); en définitive assez proche de Bismarck, il n'arrive pas à délaisser la petite politique nationaliste (FP 1883, 7 [46]; FP 1887, 10 [31]). Affirmateur du monde saisi sous l'angle dionysiaque, Goethe en est le plus proche :

« Un tel esprit *devenu libre* se tient au beau milieu du tout avec un fatalisme joyeux et confiant, plein de la *croyance* que seul est condamnable ce qui est séparé, que dans la totalité, tout est sauvé et affirmé – *il ne nie plus…* » (CI, IX, § 49).

« Surhumain » signifie avant tout un type supérieur, « par opposition à l'homme "moderne", à l'homme "bon", aux chrétiens et autres nihilistes » (EH, III, § 1), par opposition au « dernier homme » contemporain, rivé au bonheur médiocre, au divertissement, à la neutralisation des forces créatrices en faveur de l'uniformité sociale (APZ, Prologue, § 5). Avec l'expression « surhumain », Nietzsche s'efforce de doter « l'élévation du type "homme", le continuel "dépassement de soi [*Selbst-Überwindung*] de l'homme" » (PBM, § 257) d'un contenu plus précis, en relation avec l'éternel retour. En quête d'intensification de l'existence, « le surhumain *supporte* cette doctrine, et il *élève* [züchtigt] *grâce à elle* » (FP 1883, 10 [47], trad. modifiée). Cette configuration pulsionnelle exceptionnelle est donc pensée comme point d'orgue de la dynamique interprétative de la réalité, c'est-à-dire des rapports de puissance immanents et différenciés.

À titre de médecins, de législateurs, et d'artisans/ artistes, les « philosophes *nouveaux* » (PBM, § 44) doivent œuvrer à la production de ce type pour accomplir leur tâche d'élévation de la culture. En effet, si l'on assimile celle-ci à un corps, le surhumain est censé surmonter cette maladie qu'est la modernité menacée par le nihilisme et favoriser à vaste échelle la réorientation de la physio-psychologie vers ce que Nietzsche appelle la « *grande santé* [grosse Gesundheit] » (GS, § 382). La réalité est à ordonner, en visant « une *nouvelle* grandeur de l'homme, un chemin nouveau, jamais foulé, menant à l'accroissement de sa grandeur » (PBM, § 212). Il est donc nécessaire de légiférer, pénétré de la responsabilité la plus vaste : « *les philosophes véritables sont des hommes qui commandent et qui légifèrent* : ils disent "il en *sera* ainsi !", ils déterminent en premier lieu le vers où ? et le pour quoi faire ? de l'homme » (PBM, § 211), autrement dit les valeurs fécondes à promouvoir. La philosophie relève alors plus largement de l'art.

En effet, la « dynamique interprétative de la réalité » pourrait également être appelée « l'art comme processus universel » car l'art désigne l'activité créatrice propre à la volonté de puissance. Ainsi, à l'échelle la plus vaste, la réalité est, métaphoriquement, aussi bien l'artisan qui travaille la matière que l'artiste qui célèbre l'illusion. À l'échelle humaine, l'art peut favoriser une santé débordante, éminemment fructueuse. Dès lors, en ce qui concerne l'homme, l'art dépasse largement la question de la définition du beau et des canons de l'esthétique. Le propre de l'œuvre d'art est d'engendrer des affects. Avant tout, elle produit des effets sur le corps de celui qui s'ouvre à elle (l'auditeur, le spectateur) : « L'esthétique n'est en vérité rien d'autre qu'une physiologie appliquée » (NCW, « Où je fais des objections »). Par exemple, de manière générale, « Wagner aggrave l'épuisement » (CW, § 5) tandis que *Carmen* de Bizet conduit à la santé et à l'allégresse (*Heiterkeit* : CW, § 3). Dans cette perspective, la réceptivité à l'œuvre d'art peut « alléger » le corps comme complexe physio-psychologique (GS, § 368 ; CW, § 1 ; NCW, « Où je fais des objections ») et libérer l'aptitude à la création : « Bizet me rend fécond. Tout ce qui est bon me rend fécond. Je n'ai pas d'autre gratitude, je n'ai même aucune autre *preuve* de ce qui est bon » (CW, § 1). Par extension, l'art favorise l'idéalisation redéfinie dans une direction salutaire, c'est-à-dire un processus qui, au lieu d'atrophier les possibilités de vie – comme c'est le cas avec le christianisme ou les « idées modernes » –, les accroît (CI, IX, § 8) : la « *nécessité de métamorphoser en parfait est* – l'art » (CI, IX, § 9). Par conséquent, à titre de mode de vie à incorporer, l'art pourrait être le stimulant qui permet à certaines configurations pulsionnelles pleines de potentialités de « surabonder » en donnant naissance aux valeurs que requiert l'élévation de la réalité.

Par-delà la question de la génération des législateurs que réclame l'essor de la culture, ces « philosophes *nouveaux* », une fois apparus, seront à coup sûr des artisans/artistes dans leur pratique. Ceux-ci sont les modèles dont il faut s'inspirer : les artisans/artistes *œuvrent*, ils produisent par-delà bien et mal, vrai et faux, laid et beau, juste et injuste, dans la perspective de l'intensification de l'existence.

Fécondité du Versuch

Il est légitime d'utiliser l'expression « la philosophie de Nietzsche ». Celle-ci, dans le sillage du *Versuch* comme méthode, confère l'amplitude la plus vaste au concept d'interprétation, qui s'étend du jugement à l'action, en passant par le *faire* à l'œuvre dans la nature : des interprétations *de* la réalité aux interprétations *comme* réalité, à forger.

Interpréter, c'est tout d'abord donner du sens dans l'ordre du jugement. Méthodologiquement, la réalité est ainsi examinée sur le mode de « l'art de bien lire », la philologie étant redéfinie pour être au service du « philosopher historique » mais également de la généalogie (le généalogiste doit bien lire le « corps » comme texte). Interpréter, c'est alors évaluer, afin de dessiner une orientation ferme pour la culture. Alors que la philosophie s'est jusqu'à présent définie par la quête de la vérité, les « philosophes *nouveaux* », à venir, seront des législateurs, des artisans/artistes soucieux d'élever la réalité. C'est à partir d'une réévaluation des valeurs (autre traduction possible pour « *Umwerthung aller Werthe* ») que, par-delà le primat de l'autoconservation (*Selbsterhaltung*), la perspective de l'intensification (*Steigerung*) et, plus précisément, de l'autodépassement (*Selbstüberwindung*), pourra prévaloir. Cette réorientation est délicate car la détermination plus précise de l'élévation (*Erhöhung*) de la culture demeure un problème. La hiérarchie n'est pas donnée une fois pour toutes, elle est à construire ou à reconstruire indéfiniment, dès lors que la « loi de la vie » exhibe sans cesse le caractère éphémère de la grandeur.

Plus profondément, interpréter est le propre de la réalité elle-même. Le sujet qui interprète est lui-même une interprétation, tout comme la pensée rationnelle productrice de jugements (FP 1886-1887, 5 [22]). La réalité consiste en interprétations d'interprétations, d'où l'image du palimpseste. Pour le dire dans le « nouveau langage » de Nietzsche, le monde est éternellement produit par des volontés de puissance en rivalité avec d'autres volontés de puissance. La vie est une aspiration à la puissance qui se célèbre pour l'éternité. L'empan maximal de l'interprétation peut donc être envisagé de deux manières. Diachroniquement, l'art de bien lire les textes est devenu progressivement l'art de bien lire la réalité comme texte, « lire » signifiant alors accueillir une signification mais également la construire activement et fermement, ce qui constitue une métaphore de l'action ou de l'acte de légiférer. Synchroniquement, c'est parce que la réalité est un *Versuch* interprétatif (une dynamique interprétative) que, à titre de méthode, le *Versuch* philosophique s'efforce de l'éclairer au moyen de perspectives multiples afin de la réorienter.

Dès lors, comment pratiquer la philosophie de Nietzsche ? L'objectif est de devenir un esprit libre, capable d'évaluer en étant libéré de la pesanteur des convictions. Pour ce faire, travailler à la santé du corps est requis (EH, II), même si *produire* cette santé ne va pas de soi car la causalité demeure un problème (GS, § 112 ; CI, VI). Sans être assuré de se maîtriser en tant que complexe physio-psychologique, le philosophe en devenir doit se tenir à la pratique du *Versuch*. Mais cette méthode de multiplication d'essais, de tentatives, d'expérimentations peut-elle trouver un terme sans se renier ? Si le perspectivisme est irréductible à la volonté de refléter à l'infini les facettes du monde dans l'ordre du jugement sans jamais évaluer, donc sans jamais hiérarchiser pour trancher, l'évaluation qui dure risque toujours de se pétrifier en conviction.

Ce risque concerne la pensée de Nietzsche elle-même. Afin de contrebalancer l'angélisme du christianisme et des « idées modernes », le parti pris adverse y est développé avec vigueur voire avec violence. S'agit-il simplement de déployer le registre provisoire de l'essai ou de la tentative ? La tâche axiologique implique de *fixer* des valeurs fructueuses : au risque de l'enlisement dans de nouvelles convictions voire de la cristallisation en idéologie ? Le *Versuch* n'est-il pas supplanté par la prescription la plus inflexible lorsque Nietzsche écrit, par exemple : « Les faibles et les ratés doivent périr :

premier principe de *notre* philanthropie. Et on doit même encore les y aider » (AC, § 2) ? Certes, il est paresseux de sommer un philosophe novateur de répondre à *nos* questions, surtout lorsque celui-ci bouleverse les catégories de la philosophie politique en concevant l'agir à l'échelle cosmique, mais ces difficultés ne peuvent être ignorées. C'est en travaillant à se renouveler que la réalité artiste se célèbre pleinement.

En somme, la promesse du *Versuch* est celle d'une philosophie sans thèse définitive ; or, chemin faisant, l'examen de la volonté de puissance et de l'éternel retour s'est heurté au problème de savoir si, pour Nietzsche, la conception de ces pensées majeures impliquait d'en avoir terminé avec sa méthode, faite de questionnement toujours réamorcé. Afin de se préserver le plus possible de la tendance au fétichisme propre au langage, ni « volonté de puissance », ni « éternel retour », ni même « pulsions » ne doivent être réifiés car l'intention qui préside à l'emploi de ces expressions est de donner à penser la réalité comme conflictualité mouvante qui acquiesce à elle-même pour l'éternité. La philosophie de Nietzsche s'efforce ainsi de penser l'unité non statique – toujours ouverte à la différenciation – de la réalité comme dynamique interprétative.

Cette tâche immense se révèle chemin faisant extrêmement stimulante. Lorsque l'interprétation-jugement parvient à la stabilité et à la consistance, cette philosophie, avec le *Versuch* comme méthode, dispose indiscutablement du moyen de prévenir tout sommeil dogmatique. Et « si c'était l'inverse qui était vrai […] ? » (HTH, II, VO, § 10), demande le philosophe « de l'avenir », inlassablement en quête de réévaluation des valeurs, ce philosophe-médecin qui n'a de cesse d'améliorer la santé de la culture, perspective complexe à aborder « comme problème ». La philosophie de Nietzsche est en ce sens une philosophie certes problématique, mais incontestablement féconde dans la mesure où elle ouvre la possibilité d'une problématisation infinie.

LES ŒUVRES PRINCIPALES

Précisions liminaires

L'œuvre de Nietzsche est constituée d'écrits multiples. Elle comporte des livres publiés du vivant de l'auteur, d'autres à titre posthume. Elle contient également les textes de jeunesse, les travaux philologiques, les cours donnés à l'Université de Bâle, des conférences, des poèmes, les fragments posthumes ainsi que la correspondance. Ces écrits n'ont pas tous le même statut, ils doivent être hiérarchisés.

Quelle fonction attribuer aux fragments posthumes, ordonnés chronologiquement dans l'édition Colli-Montinari ? Ne convient-il pas de chercher dans ces fragments l'expression claire et directe de la philosophie de Nietzsche, que l'œuvre publiée recouvre d'un « masque » (PBM, § 40) ? Au contraire, ne sont-ils pas de simples brouillons du seul travail à considérer, celui que Nietzsche a jugé digne d'être proposé au public ? Ces deux orientations méthodologiques sont toutefois trop tranchées. En effet, les fragments posthumes ne sont pas homogènes. Ils peuvent consister en des réflexions ponctuelles dispersées ou en des recherches centrées sur une thématique unitaire (exemple : accréditer scientifiquement l'idée d'éternel retour). On y rencontre également ment des notes de lecture ainsi que certaines premières versions de textes ultérieurement publiés. Aussi, dans leur diversité, ils constituent de possibles compléments d'information, à examiner au cas par cas afin de reconstituer au mieux le développement de la pensée de Nietzsche.

L'ouvrage intitulé *La volonté de puissance* est censé articuler les fragments décisifs afin de faciliter la compréhension d'ensemble de la philosophie de Nietzsche. Certes, à partir de 1885, celui-ci avait projeté de rédiger un ouvrage qui porterait ce titre, mais, après avoir multiplié les plans sans en retenir aucun, il avait finalement renoncé en 1888. *La volonté de puissance* n'est donc pas une œuvre de Nietzsche, mais un regroupement artificiel, réalisé dans sa première version sous la direction d'Élisabeth Förster-Nietzsche, aidée dans sa tâche par Heinrich Köselitz. Les fragments choisis – sans garantie que Nietzsche aurait validé ce choix – et réunis sous ce titre ont été ordonnés de manière arbitraire, au mépris de l'ordre chronologique. Plus grave encore, ce « livre », tenu pour « la » clé de voûte de la pensée de Nietzsche, a connu plusieurs éditions successives au nombre de fragments sans cesse différent. Quelle que soit la version examinée, le résultat est dénué de rigueur philologique : des mots sont parfois substitués à d'autres, des fragments différents peuvent être reliés ou un même fragment peut être subdivisé en plusieurs. À cet abrégé fautif, il convient de substituer l'irréprochable édition Colli-Montinari qui donne accès à l'ensemble des fragments classés par ordre chronologique.

Remarquons enfin que Nietzsche a lui-même présenté ses publications. En 1886, il rédige des préfaces pour la plupart de ses livres précédemment publiés (NT ;

HTH, I ; HTH, II ; A ; GS ; PBM). Dans *Ecce homo*, la section intitulée « Pourquoi j'écris de si bons livres » commente tour à tour chacun de ses ouvrages, depuis *La naissance de la tragédie* jusqu'au *Cas Wagner*. Bien entendu, ces éclairages rétrospectifs ne dispensent pas de construire activement et rigoureusement sa propre lecture. Mais comment cheminer ?

La présentation subséquente poursuit un double objectif. Avant tout, afin d'éviter la réduction des œuvres de Nietzsche à une simple rhapsodie de formules fameuses, la possibilité d'une certaine unité du questionnement propre à chaque ouvrage majeur est examinée. Cette présentation tente également de prolonger la partie précédente, « La pensée de Nietzsche ». D'un livre à l'autre, elle considère le développement du *Versuch* nietzschéen et donne à voir sa fécondité pas à pas. Ainsi, lorsqu'elle se penche en un dernier parcours sur les années 1887-1888, elle rencontre la question de savoir si le renversement de toutes les valeurs, porté par l'entreprise généalogique, est simplement à considérer comme le moment pratique du *Versuch*. S'agit-il désormais de se cantonner à la question : comment incorporer soi-même et faire incorporer aux autres de nouvelles valeurs définitivement identifiées ? Dans cette hypothèse, la caractérisation du *Versuch* comme dynamique de problématisation indissociable de la multiplication de tentatives peut-elle subsister ? Enfin, la présentation des deux dernières œuvres (*Nietzsche contre Wagner* et *Dithyrambes de Dionysos*) permet, par-delà la brièveté de celles-ci, de souligner une dernière fois l'importance de la thématique de l'art et de la figure de Dionysos dans la philosophie de Nietzsche.

Textes de jeunesse

Nietzsche n'a pas encore dix-huit ans lorsqu'il écrit *Fatum et histoire*, puis *Liberté de la volonté et fatum*, en 1862. Le premier de ces deux textes courts et denses débute par une interrogation : un regard libre peut-il être porté sur la religion et le christianisme au vu du poids des préjugés ? S'ensuit un questionnement plus vaste d'abord centré sur la possibilité d'une pensée véritablement libre puis sur la possibilité de la liberté en général, dans la mesure où l'extension du champ de la détermination pourrait être maximale. La fin de cet écrit et l'ensemble du deuxième s'orientent de manière évidemment tâtonnante vers la résorption de l'opposition entre liberté et *fatum*.

Cette entrée en matière est frappante. Avec humilité et ambition, le tout jeune Nietzsche se donne pour tâche de penser l'insertion problématique de l'homme dans le tout, au moyen de la langue traditionnelle de la philosophie dont il exhibe déjà les limites : « le libre arbitre sans le *fatum* est aussi peu pensable que l'esprit sans bien et mal réel » (FH) ; « l'homme, sitôt qu'il agit et crée de ce fait ses propres événements, détermine son propre *fatum* » (LVF).

Les textes de 1870-1872 examinent principalement le monde grec, à titre de source salvatrice dans laquelle puiser. Selon Nietzsche, en effet, c'est en considérant le monde stimulant des Hellènes que l'Allemagne pourra surmonter la régression culturelle dont elle est frappée. Sur ce thème, on recense pour l'année 1870 deux conférences – *Le drame musical grec, Socrate et la tragédie* – et un bref essai, *La vision dionysiaque du monde*. Ces études distinctes sont autant d'essais ponctuels sur lesquels Nietzsche s'appuiera pour rédiger *La naissance de la tragédie* – ce qui n'empêche nullement d'examiner l'économie propre à chacun de ces travaux.

Entre janvier et mars 1872, Nietzsche donne cinq conférences regroupées sous le titre : *Sur l'avenir de nos établissements d'enseignement.* Il y relate une rencontre étrange qu'il aurait effectuée à Bonn avec un de ses amis étudiants. Dans des circonstances rocambolesques, tous deux auraient dialogué le long du Rhin avec un philosophe âgé et son disciple. Cette intrigue imaginaire (lettre du 20 décembre 1872 à Malwida von Meysenbug), témoigne d'une quête de philosophie, indissociablement réflexive et prescriptive. Après avoir repéré deux tendances générales pour l'éducation ou la formation (*Bildung*), à savoir l'élargissement démocratique de l'enseignement au plus grand nombre et sa subordination aux besoins de l'État, le personnage du philosophe évalue les besoins de la culture (*Kultur*) régnante en Allemagne. Il se prononce en faveur d'une conception aristocratique, autrement dit d'une conception de la culture non coupée de la nature inégalitaire, qui travaillerait à rendre possible l'apparition de génies à même de guider leurs contemporains. Dans cette optique, la formation scolaire et universitaire serait à réinventer. Dans la mesure où elle ne vise l'autonomie du jugement qu'en propageant l'érudition à courte vue, elle s'est en effet préjudiciablement détournée de « l'interprétation [*Ausdeutung*] profonde » des grands problèmes de l'existence (AEE, V).

Quoiqu'inachevé, ce cycle de conférences est instructif. Par la bouche d'un vieux philosophe inactuel, schopenhauérien, le jeune Nietzsche identifie les éléments de son chemin de pensée à venir et entame sa réflexion sur leur articulation : « Car retirez les Grecs en même temps que la philosophie et l'art : par quelle échelle voulez-vous encore monter vers la culture [*Bildung*] ? » (AEE, V).

En 1872, pour les fêtes de Noël, Nietzsche offre à Cosima un étrange cadeau : *Cinq préfaces à cinq livres qui n'ont pas été écrits*. Intitulée *La passion de la vérité*, la première de ces préfaces débute par l'examen du thème de la gloire (*Ruhm*), qui pousse à questionner la possibilité d'une véritable grandeur (*Grösse*) à l'échelle de la culture (*Kultur*). Des philosophes comme Héraclite ont délaissé le souci de la gloire personnelle au profit de la recherche de la vérité mais la nature se dérobe à la connaissance. L'homme vise alors vainement la vérité, visée dangereuse et même potentiellement destructrice tandis que l'art, qui célèbre l'illusion, attache à la vie : « L'art est plus puissant [*mächtiger*] que la connaissance, car *c'est lui* qui veut la vie, tandis que le but ultime qu'atteint la connaissance n'est autre que… l'anéantissement » (PV).

La deuxième préface, qui devait ouvrir à *Sur l'avenir de nos établissements d'enseignement*, précise les qualités que Nietzsche attend de son lecteur : être calme et patient (A, Avant-propos, § 5 valorise la « lente lecture »), être capable de méditer sans réclamer des solutions immédiates à l'auteur, et enfin savoir ne pas projeter les interprétations propres à la culture de l'homme moderne sur toutes choses (la thématique du « lecteur parfait » sera réexaminée dans EH, III, § 3).

Troisième préface, *L'État chez les Grecs* aborde la question politique de manière fracassante. D'après Nietzsche, au rebours des notions contemporaines de

« dignité de l'homme » et de « dignité du travail », les Grecs ont su reconnaître que « *l'esclavage appartient à l'essence d'une civilisation* [Kultur] » (EG). La civilisation est cruelle, la pulsion de justice égalitaire est une impasse. Au service de la nature inégalitaire, l'État doit donc œuvrer par la contrainte au développement d'une minorité. Pourtant, la philosophie des Lumières et la Révolution française, porteuses d'égalité, valorisent la coexistence pacifique. Désormais porté par l'optimisme libéral, l'État se fait l'instrument de la réussite économique. Contre cette tendance historique, il convient alors d'affirmer avec force que « la guerre est aussi nécessaire à l'État que l'esclave à la société » (*ibid.*). Contre tout idéal égalitaire émollient, Nietzsche considère ainsi que « tout homme – et toute son activité – n'a de dignité qu'en tant qu'il est consciemment ou inconsciemment l'instrument du génie » (*ibid.*).

Quatrième préface, *Le rapport de la philosophie de Schopenhauer à une culture allemande* constitue un appel bref mais vibrant. Pour pouvoir surmonter sa déchéance et prétendre à la grandeur qui doit être la sienne, la culture allemande doit s'organiser autour de « son unique philosophe en ce siècle, Arthur *Schopenhauer* » : « Vous avez là le philosophe – cherchez maintenant la culture [*Kultur*] qui lui convienne ! »

Cinquième et dernière préface, *La joute chez Homère* soutient que l'idée d'humanité ne doit pas être séparée de la nature, quand bien même celle-ci apparaîtrait immédiatement inhumaine. À la question « Pourquoi le monde grec tout entier exultait-il aux scènes de combat de l'*Iliade* ? » (JH), Nietzsche répond que ce monde a constitué le combat en valeur. Plus précisément, conformément à la distinction d'Hésiode, s'il existe une *Éris* (discorde) destructrice, il existe également une bonne *Éris*. Assurément féconde, celle-ci consiste en la joute au sens d'une confrontation stimulante : « sans l'envie, la jalousie et l'ambition de la joute, la cité grecque comme l'homme grec dégénèrent » et basculent dans l'abîme de la sauvagerie « préhomérique » (*ibid.*).

LA NAISSANCE DE LA TRAGÉDIE

Ce livre paraît en janvier 1872 sous le titre *La naissance de la tragédie à partir de l'esprit de la musique*. Le titre écourté est adopté par Nietzsche en 1886, qui adjoint un sous-titre : « Hellénisme et pessimisme ». Cette dernière version est accompagnée d'un avant-propos, l'« Essai d'autocritique » dans lequel l'auteur propose un regard rétrospectif sur sa première œuvre publiée. L'ouvrage examine la naissance de la tragédie grecque (§ 1-10), puis sa disparition (§ 11-15) avant d'envisager la possibilité de sa renaissance en Allemagne, pour le plus grand bénéfice de la culture (§ 16-25).

Afin de contribuer à la « science esthétique » (§ 1), Nietzsche commence par distinguer « ces *pulsions artistiques de la nature* » (§ 2) que sont la pulsion apollinienne, source des arts plastiques, et la pulsion dionysiaque, à l'origine de la musique. Il relie chacune à des « phénomènes physiologiques » (§ 1) : le rêve pour la première et l'ivresse pour la seconde. Indissociable de ce que Schopenhauer appelle le principe d'individuation, la pulsion apollinienne fait advenir un monde rassurant d'individus distincts et consistants. Rupture de ce même principe, la pulsion dionysiaque détruit cette belle apparence au profit d'une indistinction généralisée synonyme conjointement d'anéantissement de soi et d'unité universelle. En conflit, ces deux pulsions s'intensifient l'une l'autre avant de se retrouver dans la tragédie attique, leur « but commun » (§ 4). Si ces « noces mystérieuses » (§ 4) commencent de se célébrer avec la poésie lyrique (§ 5-6), la tragédie naît avec le chœur dionysiaque (§ 7) « qui ne cesse de se décharger au sein d'un monde d'images apollinien » (§ 8). La partie apollinienne de la tragédie permet de se représenter un monde de justice, sans cesse fragilisé par la démesure dionysiaque, comme le montre l'univers dépeint par Eschyle (§ 9). Sous l'effet d'Apollon, Dionysos apparaît dans de multiples figures : la tragédie régénère le mythe (§ 10).

Euripide a pourtant causé la mort de la tragédie grecque. Dans la mesure où, au mépris du souci de grandeur, il a invité l'homme du quotidien sur scène, et où il a valorisé avant tout la raison dans la création artistique, il a promu la « forme dégénérée de la tragédie » (§ 11). Alors que l'essence de la tragédie grecque consistait dans son caractère double, autrement dit dans l'entrelacement des pulsions apollinienne et dionysiaque, Euripide s'est évertué à bannir Dionysos de la scène, au profit de la vision socratique du monde. La tragédie authentique disparaît au profit de l'« *épopée dramatisée* », guidée par le « *socratisme esthétique* » qui pose que « "tout doit être rationnel pour être beau" » (§ 12). Adversaire de Dionysos, Socrate s'oppose à l'hellénité et croit « devoir corriger l'existence » (§ 13) au moyen d'un instinct logique débridé. La tragédie exprimait le terrible pessimisme qui découle de l'affirmation de Silène, le compagnon de Dionysos, au roi Midas : « La meilleure de toutes les choses t'est totalement inaccessible : n'être pas né, n'*être* pas, n'être *rien*. Mais la seconde parmi les meilleures est pour toi – mourir bientôt » (§ 3). Au contraire, l'optimisme théorique porté par « Socrate, le héros dialectique du drame platonicien » (§ 14) se transcrit désormais dans l'art d'Euripide, qui parachève la dénaturation du chœur – le foyer de l'élément musical dionysiaque – que Sophocle fragilisait déjà (*ibid.*). L'arrivée de Socrate constitue le « tournant » et le « pivot de l'histoire universelle » (§ 15). Avec lui, débute en effet le règne du « type de l'*homme théorique* » (*ibid.*). À l'inverse de l'artiste qui chérit le voile, cet homme ne vit que pour dévoiler l'intégralité de la vérité. Se propage ainsi l'illusion de « connaître » et même de « corriger l'être » (*ibid.*), facteur d'inéluctable déception, d'où la nécessité de promouvoir « *la connaissance tragique* » (*ibid.*) en laquelle la science se convertit en art.

Il convient par conséquent de s'orienter vers « une *renaissance de la tragédie* » (§ 16), ferment d'espoir pour la germanité. La musique, source de la tragédie, est alors examinée dans une perspective schopenhauérienne, démarche qui permet d'établir qu'elle peut donner naissance au mythe tragique fécond (*ibid.*). L'art diony-siaque produit en effet une « consolation métaphysique » ou plaisir de se fondre dans l'« *unique* vivant », porté par l'« esprit de la musique » (§ 17). Pourtant, l'« esprit de la science » (*ibid.*), cette croyance en la force thérapeutique du dévoilement de la vérité, a tué le mythe et dénature la musique. Une distinction est ensuite proposée entre cultures socratique, artistique et tragique, respectivement particularisées dans l'histoire par les cultures alexandrine, hellénique et bouddhique (§ 18), puis il est établi que l'opéra, fruit de la culture socratique, ne peut prétendre contribuer à la renaissance de la tragédie. En revanche, tout comme la philosophie allemande prend avec Kant et Schopenhauer le contre-pied du socratisme scientifique,

la musique de Bach, Beethoven puis Wagner annonce
« *le réveil progressif de l'esprit dionysiaque* » (§ 19)
dans le monde contemporain. C'est pourquoi, même si
l'enseignement supérieur allemand édulcore l'Antiquité
grecque, cet idéal doit être affirmé avec force (§ 20).

Après avoir précisé les rapports entre musique et
mythe (§ 21 : « Le mythe nous protège de la musique,
tout comme d'autre part il lui donne seul la liberté
suprême. ») ainsi que les relations entre musique et
drame (*ibid.* : « la musique est la véritable Idée du monde,
le drame un simple reflet de cette Idée »), Nietzsche
insiste sur le « lien fraternel » (*ibid.*) qui se tisse dans
la tragédie entre Apollon et Dionysos, « ce par quoi le
but suprême de la tragédie et de l'art est atteint » (*ibid.*).
Ainsi, « *le mythe tragique* ne se comprend que comme
une traduction en images de la sagesse dionysiaque par
des moyens artistiques apolliniens » (§ 22). Contre les
analyses traditionnelles de Schiller, Bernays, et bien
entendu Aristote, Nietzsche rapporte l'effet tragique
à une joie profonde, consécutive de la disparition du
monde des phénomènes dans l'un originaire (*ibid.*). Il
en appelle alors à « l'*auditeur esthétique* » (*ibid.*), qui
doit se substituer à l'homme théorique. Il célèbre ensuite
le mythe, considéré comme le terreau de toute culture.
Dans ce contexte, le choral de Luther est tenu pour un
appel musical dionysiaque fondateur, qui impulse la
régénération du mythe allemand (§ 23). Enfin, Nietzsche
aborde le plaisir esthétique éprouvé au contact du mythe
tragique ; il invite à le penser à partir de la dissonance
musicale et non à partir du plan moral (§ 24). Cette
démarche permet d'envisager la justification du monde,
même dans ses facettes les plus repoussantes, comme
phénomène esthétique, c'est-à-dire comme alternance

héraclitéenne de construction et de destruction, source de joie (*ibid.*). En conclusion, Nietzsche revient sur la musique et le mythe tragique. Il dépeint l'articulation du dionysiaque et de l'apollinien, celui-ci transfigurant celui-là (§ 25).

Marqué par la profusion de ses thèmes, *La naissance de la tragédie* est un ouvrage inclassable. Il a stupéfait les philologues et, malgré quelques références éparses à Schopenhauer et Kant, il ne consiste pas non plus en un livre de philosophie classique. Par-delà ce foisonnement, cet écrit assigne aux Grecs une mission cruciale : « les Grecs, en auriges, tiennent dans leurs mains notre culture et toute culture » (§ 15). Ils ont su construire un pessimisme de la force (NT, « Essai d'autocritique », § 1) pour affirmer la vie : la modernité saura-t-elle produire un renouveau dionysiaque pour intensifier l'existence ? Comment faire advenir ce renouveau ? Activité à finalité pratique, la philosophie n'a pas d'autre tâche que d'affronter ce problème.

LA PHILOSOPHIE À L'ÉPOQUE TRAGIQUE DES GRECS

Lors de l'été 1872, à l'Université de Bâle, Nietzsche consacre un cours aux philosophes préplatoniciens. Ce matériau l'aidera à rédiger, lors des premiers mois de 1873, un manuscrit intitulé *La philosophie à l'époque tragique des Grecs*. Inachevé (lettre à Gersdorff du 5 avril 1873), cet écrit sera légèrement modifié en 1874-1875, sans trouver une forme définitive. Nietzsche y présente les thèses de Thalès (§ 3), Anaximandre (§ 4), Héraclite (§ 5-8) et Parménide (§ 9). Il y distingue ensuite les conceptions parménidiennes de celles de Xénophane de Colophon, d'Héraclite et de Zénon d'Élée (§ 10-13), avant de développer la contribution d'Anaxagore

(§ 14-19). Simple démarche d'historien, qui restituerait une succession d'idées philosophiques ? La lecture de cette séquence de paragraphes invite le plus souvent à répondre par l'affirmative. Le projet initial était pourtant beaucoup plus novateur.

Un propos liminaire précise que les pages ultérieures ne se soucient pas de hiérarchiser des thèses en fonction du critère de vérité. La démarche adoptée se situe même ouvertement à contre-courant du souci d'exhaustivité doxographique : « Je raconte en la simplifiant l'histoire de ces philosophes », « je m'efforce d'extraire trois anecdotes de chaque système et je néglige le reste » (PETG, Avant-propos). Parti-pris méthodologique déroutant... Nietzsche souhaite avant tout mettre au jour « la polyphonie du tempérament [*Natur*] grec » (*ibid.*). Plus précisément, il cherche à affiner les contours de la figure du philosophe au moyen de la production d'une galerie de portraits distincts : « je ne veux extraire de chaque système que ce point qui est un fragment de *personnalité* » (*ibid.*). Par-delà les différences individuelles, les philosophes préplatoniciens constituent un type (§ 1 : « Tous ces hommes sont taillés tout d'une pièce et dans le même roc. ») alors que Platon est tenu pour un hybride (§ 2 : « Platon représente le début de quelque chose de tout à fait nouveau ; [...] il ne représente pas un type pur. »). Le philosophe n'est-il pas le « grand homme » (PETG, Avant-propos) dont la culture a besoin pour être féconde ?

On comprend mieux pourquoi, en pleine période de rédaction, Nietzsche a affirmé : « Mon livre grossit et prend la forme d'un pendant à la "Naissance". Je l'intitulerai peut-être "Le philosophe en tant que médecin de la culture" » (Lettre à Gersdorff du 2 mars 1873). Déplorer, dans *La naissance de la tragédie*, la déliquescence de la culture allemande n'invite-t-il pas à se tourner vers le plus beau fleuron de la Grèce, à savoir ces philosophes non encore marqués par Socrate ? Autrement dit, en condensant les deux titres envisagés par Nietzsche pour cet écrit inachevé, n'est-ce pas la philosophie de l'époque tragique des Grecs qu'il faut considérer, dans la mesure où les philosophes de cette période préplatonicienne donnent à penser le médecin dont la culture du XIXe siècle a tant besoin ? Cette hésitation à propos du titre (voir aussi la lettre à Rohde du 22 mars 1873) n'est sans doute pas anecdotique. Un médecin est censé être capable de guérir ; or un philosophe peut-il véritablement réorienter la culture pour la sauver du pessimisme inhibiteur ? Cette espérance est éminemment problématique : « où trouverait-on l'exemple d'un peuple atteint de maladie et à qui la philosophie aurait rendu sa santé [*Gesundheit*] perdue ? » (§ 1). Nietzsche invalide le schéma de causalité escompté : « Ayez d'abord une civilisation [*Kultur*], vous apprendrez ensuite ce que veut et ce que peut la philosophie » (§ 2). Les motifs qui ont poussé Nietzsche à ne pas achever la rédaction de cet ouvrage en cours sont sans doute multiples. Philosophiquement, la difficulté est celle-ci : si la philosophie est un effet de la culture, comment peut-elle se convertir en cause de modifications souhaitables pour cette même culture ? La critique définitive de la validité de l'idée de causalité est postérieure (on en trouve une formulation radicale en GS, § 112), tout comme l'application de cette critique à la question de la santé (Nietzsche réfute le schéma causal propre au régime d'un certain Cornaro en CI, VI, § 1). Dans la mesure où le processus d'autorégulation pulsionnelle n'est pas encore pensé dans le sillage de la volonté de puissance, « Le philosophe en tant que médecin de la culture » demeure en 1873 un idéal salvateur inaccessible. Faute d'un objectif consistant, le développement concède donc plus à l'histoire des idées qu'il n'était initialement souhaité.

VÉRITÉ ET MENSONGE AU SENS EXTRA-MORAL

Dicté à Carl von Gersdorff lors de l'été 1873 et finalement non publié, *Vérité et mensonge au sens extra-moral* désacralise la quête de vérité au moyen d'une fable introductive – présente une première fois dans *La passion de la vérité* – qui souligne le caractère anecdotique de l'intellect humain et de la connaissance, comparativement à l'histoire du monde. L'apparition de la pulsion de vérité est problématique car l'intellect est au service de la conservation de l'individu et s'oriente alors vers la dissimulation. Pourtant, la recherche d'une vie sociale pacifique pousse à s'entendre sur des conventions linguistiques : « Les choses et leurs désignations coïncident-elles ? » (§ 1). Dans la mesure où le mot et le concept relèvent de transpositions arbitraires durablement instituées dans le temps, prétendre dire la vérité n'est possible qu'à partir de la simplification quotidienne du monde par l'humanité comparée à un troupeau. L'« élan moral qui s'oriente vers la vérité » (§ 1) n'advient donc que sur la base de l'oubli de « mensonges » (inventions, fictions) tellement répétés qu'ils en sont devenus inconscients. Ce n'est qu'indûment que l'homme se prend pour mesure de toutes choses.

Nietzsche précise ensuite que la pulsion créatrice de métaphores n'est pas soumise à la vérité. À l'œuvre dans le mythe et plus généralement dans l'art, cette

pulsion caractérise « l'homme intuitif » qui, s'il domine
« l'homme rationnel », peut être l'agent d'une culture
dans laquelle l'art règne pleinement sur la vie (§ 2). De
toute manière, il serait vain de cultiver l'idéal d'une vie
marquée unilatéralement par la science car, pour le dire
dans une langue extra-morale, « vérité » et « mensonge »
sont des créations artistiques (NT, § 15 présentait déjà la
science comme un produit de l'art).

CONSIDÉRATIONS INACTUELLES

Nietzsche s'est limité à quatre *Considérations
inactuelles* alors qu'il projetait initialement d'en
rédiger beaucoup plus (FP 1872-1873, 19 [330]; lettre
à Wagner du 18 septembre 1873). Rappelons que, dans
cette entreprise, il se propose « d'exercer une influence
inactuelle [*unzeitgemäss*], c'est-à-dire d'agir contre le
temps, donc sur le temps, et, espérons-le, au bénéfice
d'un temps à venir » (UIHV, préface). Plus précisément,
afin de dépasser l'autosatisfaction qui sévit selon lui en
Allemagne, il réinterprète dans ces quatre essais l'état
présent de la culture dans la perspective de la construction
d'un avenir qui rendrait possible une certaine grandeur.
Quel « médecin de la culture » espérer ?

David Strauss, l'apôtre et l'écrivain, rédigé et
publié en 1873, débute ce parcours. On s'attend à une
présentation inaugurale centrée sur David Strauss mais
l'urgence, selon Nietzsche, réside dans la confection d'un
bilan de la guerre de 1870 pour la culture allemande. Le
diagnostic est brutal : « une grande victoire est un grand
danger » (§ 1) dans la mesure où le succès du *Reich*
peut se traduire par une défaite de l'esprit allemand. En

définitive, la culture allemande continue d'être tributaire de la culture française (*ibid.*). Cette assertion est étayée sur une définition précise de la culture (*Kultur*), à savoir « l'unité du style artistique à travers toutes les manifestations de la vie d'un peuple », à laquelle répond la considération de la barbarie (*Barbarei*) comme « absence de style » ou « mélange chaotique de tous les styles » (*ibid.*), hélas à l'œuvre selon Nietzsche en Allemagne au moment où il rédige cet essai.

Cette cécité collective à la pauvreté de la culture allemande est propagée par les « *philistins de la culture* [Bildungsphilister] » (§ 2). Cette expression se réfère à l'homme en définitive inculte, qui prétend paradoxalement être cultivé. Entouré d'individus du même type, cet homme croit être au cœur d'une authentique culture allemande. Cette paresse collective s'instaure et se justifie ainsi : la force novatrice des classiques est édulcorée au moyen d'une survalorisation du relativisme historique. Un hégélianisme réduit à l'affirmation de la rationalité de toute la réalité, et donc de la quotidienneté, tient lieu de philosophie. La « culture » philistine est un leurre.

C'est à titre de cas particulier de cet état d'esprit que Nietzsche s'en prend au livre de David Strauss (1808-1874), *L'ancienne et la nouvelle foi : une confession* (1872). Confesser sa foi est tenu pour une démarche prétentieuse (§ 3), d'autant plus que l'originalité de la foi en question n'est pas frappante, ce que confirme un bref aperçu de l'ouvrage.

Au terme de la première partie intitulée « Sommes-nous encore chrétiens ? », Strauss répond par la néga-tive, avant d'ajouter : « nous pourrions encore être religieux, bien que ce ne soit plus sous la forme du christianisme »[1]. Les trois parties suivantes de son livre dotent cette orientation d'un contenu : il ne s'agit pas de vouer un culte à un Être suprême (*ibid.*, II) mais de célébrer l'univers régi par des lois que la science met au jour (*ibid.*, III : Strauss rencontre les pensées de Kant, Laplace, et surtout Darwin) afin d'ordonner moralement et politiquement notre vie (*ibid.*, IV). En définitive, si le monde est une « machine », il dépend de nous de connaître ses mécanismes et de nous y adapter sur le plan pratique sans renoncer à construire un bonheur que personne ne peut nous promettre (*ibid.*, Conclusion). Nietzsche considère cet ouvrage comme l'expression de l'autosatisfaction moderne – Strauss écrit par exemple : « Je suis bourgeois, et je suis fier de l'être. » (*ibid.*, IV, § 82, p. 248) –, incapable d'apercevoir dans le tragique un stimulant pour l'existence. Le réel succès rencontré par ce livre le déconcerte (FP 1873, 27 [66]).

Le développement de la première *Considération inactuelle* répond à trois questions. Tout d'abord, de quel idéal Strauss se fait-il « l'apôtre » (DS, § 4-5) ? Au lieu de se déprendre de soi et donc de tenter de s'élever au contact des plus grands, cet auteur ne rencontre la grandeur de la culture allemande que pour l'interpeller gauchement et ainsi la rapetisser (§ 6). Ensuite, de quel courage, insufflé par sa « nouvelle foi », « l'apôtre » fait-il preuve (§ 6-7) ? Strauss est moins courageux qu'immodeste ; « animé de tout le courage de l'ignorance » (§ 6), il vitupère contre Schopenhauer avant de louer Kant platement. Alors qu'il considère Darwin comme « l'un des plus grands bienfaiteurs de l'humanité », il se dérobe lâchement

1. David Strauss, *L'ancienne et la nouvelle foi. Confession*, I, 32, trad. fr. L. Narval, Paris, C. Reinwald et Cie, 1876, p. 81.

au moment de concevoir une « éthique darwinienne authentique et conséquente » (§ 7). Enfin, comment « l'écrivain » écrit-il ses livres (§ 8-12)? Sa réflexion esquive les questions décisives (exemple, au § 8 : « Répondez au moins à cette question : d'où vient, où va, à quoi sert toute science, si elle ne conduit pas à la culture [*Kultur*]? Serait-ce à la barbarie [*Barbarei*]? »), et son style est déficient (§ 10-12).

Par-delà le cas de l'individu Strauss, la première *Considération inactuelle* déplore l'indigence culturelle de l'Allemagne. Dès lors, quelles disciplines promouvoir, afin de retrouver la vitalité culturelle la plus féconde?

Nietzsche estime que la philologie classique se doit « d'exercer une influence inactuelle » (UIHV, préface) mais, nous le savons, il n'a finalement pas mené à bien son projet de rédaction d'une *Considération inactuelle* centrée sur son apport possible. Rédigée fin 1873 et publiée début 1874, la deuxième *Considération inactuelle* oriente en revanche l'investigation vers la relation que la culture noue avec l'histoire.

Pour s'élever, la culture doit réfléchir son passé, d'où l'importance du « sens historique ». Néanmoins, en Allemagne, celui-ci dégénère en « vertu hypertrophiée » de sorte que l'étude de l'histoire n'est à valoriser que si elle « sert la vie » (UIHV, préface). Or, construire l'histoire (*Geschichte*) par des actes réclame tantôt des connaissances historiques (*Historie*) précises, tantôt une spontanéité qui présuppose l'oubli, d'où le souci de produire le dosage requis afin que chaque individu, peuple ou culture puisse créer, et donc libérer sa « *force plastique* » sur la scène historique (§ 1). C'est dans cette perspective que Nietzsche distingue les histoires monumentale, traditionaliste et critique, respectivement préoccupées par la construction de la grandeur, la conservation du passé ou au contraire l'envie de le traîner en justice (§ 2-3).

La deuxième partie de cet essai examine la manière dont l'homme moderne développe excessivement le versant scientifique du sens historique, au point de séparer nettement l'histoire et la vie (§ 4-9). Cinq dangers sont identifiés. Nietzsche indique tout d'abord que l'excès d'histoire oppose radicalement, en l'homme moderne, l'intériorité à la relation avec l'extériorité, ce qui affaiblit la personnalité (§ 4-5). Avant d'émettre des doutes à propos du concept même d'objectivité, il établit ensuite que cet excès, censé garantir l'objectivité la plus fiable, nourrit de manière illusoire la prétention à être plus juste que les hommes des époques précédentes (§ 6). De surcroît, le développement effréné de la science historique adopte inconditionnellement la logique du dévoilement or, pour « parvenir à maturation », les peuples et les individus requièrent un « voile d'illusion » (§ 7). Se repaître de la profusion des événements qui constituent le passé débouche également sur un sentiment d'indifférence voire de dégoût alors que la vie réclame des agents à même d'entreprendre (§ 7). Enfin, la surabondance de science historique engendre l'ironie vis-à-vis de soi-même (§ 8), voire le cynisme (§ 9), de sorte que Nietzsche, au terme de son examen, en appelle à la jeunesse. Celle-ci, afin de surmonter la « *maladie historique* », doit faire confiance à son instinct pour absorber ces « antidotes de l'histoire » que sont les « *forces non historiques* », tel l'oubli, et les forces « *supra-historiques* », qui « détournent le regard du devenir et le portent vers ce qui donne à l'existence un caractère d'éternité et de stabilité, vers l'*art* et la *religion* » (§ 10).

À nouveau, c'est de la Grèce que l'Allemagne doit s'inspirer. Forts de la lecture de *La philosophie à l'époque tragique des Grecs*, nous savons que la culture grecque, généreuse et même prodigue, a surabondé en philosophes à la santé éclatante. Nietzsche précise à présent qu'il y a eu des siècles où les Grecs, ouverts aux influences extérieures au point d'être menacés de délitement, ont su « *organiser le chaos* » (§ 10) avec style (pour une définition du style : DS, § 1 ; UIHV, § 4) et donc faire triompher une forme élevée de culture (UIHV, § 10). Cette démarche peut-elle être transposée à l'époque moderne ? Auquel cas, qui a la stature de « médecin de la culture » ? C'est à partir de ces questions que Nietzsche se consacre à deux figures intempestives : Schopenhauer, le philosophe solitaire farouchement anti-universitaire, puis Wagner, l'artiste qui n'a pas peur « d'entrer dans la contradiction la plus hostile avec les formes et les ordres existants » (SE, § 3).

La troisième *Considération inactuelle*, *Schopenhauer éducateur*, rédigée et publiée en 1874, ne présente pas le contenu doctrinal de l'œuvre de Schopenhauer à partir d'un examen minutieux du *Monde comme volonté et représentation*. Rappelons que Nietzsche n'a d'ailleurs jamais tenu le discours de ce philosophe pour infaillible : « Ma méfiance pour le système *dès le début*. C'est sa *personne* qui passa pour moi au premier plan, le *type* du philosophe œuvrant à l'avancement de la culture [*Kultur*] » (FP 1878, 30 [9], trad. modifiée). En effet, à l'instar des maîtres préplatoniciens, un philosophe est « non seulement un grand penseur, mais encore un homme réel » (SE, § 7, trad. modifiée) susceptible de communiquer de la force aux autres (§ 2). C'est donc bien à titre d'éducateur (*Erzieher*) que Schopenhauer est considéré, la culture ayant pour seule tâche de « *favoriser la naissance du philosophe, de l'artiste et du saint en nous et en dehors de nous et travailler ainsi à l'achèvement de la nature* » (§ 5). L'enfantement du génie est ainsi « le but de toute culture [*Cultur*] » (§ 3) digne de ce nom.

Soumis à une vie grégaire, l'homme moderne a besoin de libération (*Befreiung* : § 1), d'où la quête des « médecins de l'humanité moderne » (§ 2). Schopenhauer, tout à la fois honnête, serein après avoir triomphé de l'adversité, et constant, est l'éducateur recherché (§ 2) : « J'estime un philosophe dans la mesure où il est en état de donner un exemple [*Beispiel*]. Nul doute que par l'exemple [*Beispiel*] il puisse entraîner à sa suite des peuples entiers » (§ 3). Il contribue à notre édification car, toute sa vie durant, il s'est confronté à trois dangers : être isolé, « désespérer de la vérité », éprouver et déplorer ses propres limites au risque de « dépérir par nostalgie et par endurcissement » (§ 3). Il veut déterminer la valeur (*Werth*) de l'existence afin d'en être le législateur (*Gesetzgeber*), en véritable philosophe (§ 3).

L'attitude de l'homme Schopenhauer face à la vie nous invite donc à « *nous* [nous soulignons] éduquer *contre* notre temps » (§ 4). À nous de détecter la figure la plus stimulante parmi ces trois modèles : l'homme de Rousseau, l'homme de Goethe et l'homme de Schopenhauer (§ 4). Le premier est selon Nietzsche un révolutionnaire violent qui plaît au plus grand nombre. Soucieux de conserver l'ordre établi, le deuxième est « le contemplatif de grand style » (*ibid.*) goûté par une minorité. Noble exigence, le troisième est une nature active, héroïque, capable d'« oubli de soi » (*ibid.*) pour faire advenir les « *hommes* véritables », à savoir « *les philosophes, les artistes et les saints* » (§ 5), autrement dit les « grands hommes » (§ 6). S'orienter vers l'homme de Schopenhauer, c'est privilégier la conception la plus éminente de la culture alors que celle-ci peut de fait servir les affairistes, l'État, les tenants du divertissement ou les savants (§ 6). En définitive, la recherche des « conditions » (§ 7) d'apparition d'hommes de type élevé, malgré un contexte hostile, se résume à la liberté, cet « élément merveilleux et dangereux au sein duquel les philosophes grecs ont pu grandir » (§ 8). Le philosophe doit donc se garder de devenir simplement un universitaire érudit subordonné à l'État (§ 8).

Rédigée en 1875-1876, publiée en 1876, la quatrième *Considération inactuelle, Richard Wagner à Bayreuth*, est énigmatique. Nietzsche y propose un éloge de Wagner alors que, de longue date, il s'interroge sur la consistance du talent musical de celui-ci (FP 1874, [32] 15 et 33 [15]). Éloge de surcroît ambigu : s'agit-il de célébrer l'individu Wagner tel qu'il est ou d'indiquer ce qu'il a à être ? Nietzsche pointerait ainsi implicitement des insuffisances et prétendrait fixer le cap du génie de la musique, au risque d'inverser la hiérarchie affichée. Il y a plus : de même que, dans *Schopenhauer éducateur*, « Schopenhauer » pouvait au moins ponctuellement être envisagé comme un masque sous lequel Nietzsche se dissimulerait (on pense à quelques passages de SE, § 3 par exemple ; plus généralement : EH, III, « Les "Inactuelles" », § 3), « Wagner » pourrait, dans la quatrième *Considération inactuelle*, être le signe linguistique de l'autoportrait (EH, III, « NT », § 4). Incontestablement, *Richard Wagner à*

Bayreuth est un texte retors, que l'on peut malgré tout résumer comme suit.

Wagner annonce la possibilité d'un renouveau de la grandeur. Le festival de Bayreuth est un véritable événement, « promis à un *grand avenir* » (WB, § 1). Il nous incombe alors de tenter de comprendre le plus possible Wagner, « afin que *forts de cette compréhension nous nous portions garants de sa fécondité* » (§ 1). La nature propre de l'individu Wagner est cependant particulièrement délicate à clarifier. S'il est possible, dans le bouillonnement de forces qui le constitue, de percevoir une sphère créatrice « fidèle à la sphère sombre, indomptable et tyrannique » (§ 2), Wagner encourt néanmoins le risque d'être emporté par la démesure. Il accueille toutefois la culture la plus haute et développe sa force plastique sous la direction d'un soi (*Selbst*) supérieur (§ 3).

La modernité a besoin d'être hellénisée or Wagner présente une proximité frappante avec Eschyle. Pourtant, la transposition d'une culture dans une autre demeure éminemment problématique et l'on ne peut demander à un artiste d'être un éducateur (§ 4). Mais nous devons être à l'écoute du cri de Wagner : « aidez-moi à découvrir la culture [*Cultur*] que ma musique prédit parce qu'elle est le langage retrouvé du sentiment [*Empfindung*] juste […] ! » (§ 5). Si « le sentiment [*Empfindung*] est détraqué à notre époque » (§ 6), la nature artiste de Wagner est « capable de se communiquer à d'autres êtres » (§ 7) de sorte que, grâce à lui, « nous nous hissons aux ultimes échelons de la sensation [*Empfindung*], et là-haut seulement il nous semble être de nouveau dans la libre nature et dans le royaume de la liberté » (§ 7).

En lutte avec lui-même, c'est progressivement que Wagner a pleinement accédé à sa nature de « dramaturge dithyrambique » (§ 8). Après sa période révolutionnaire, son « désir de puissance suprême [*Begehren nach höchster Macht*], héritage de ses états passés, se convertit tout entier en création artistique » (§ 8). Aucun nom existant ne peut circonscrire son activité : poète qui « pense de façon mythique », artiste plastique maître du drame, musicien qui donne « un langage à tout ce qui dans la nature ne consentait pas encore à parler », Wagner est également un « législateur » (§ 9), c'est-à-dire un philosophe, à ceci près qu'il veut « philosopher avec les sons » (§ 8).

Cet art « ne peut que produire un bouleversement de toutes les notions d'éducation [*Erziehung*] et de culture [*Cultur*] » (§ 10). Il ne s'adresse pas qu'aux Allemands, mais à des « *hommes de l'avenir* », capables de s'orienter vers « une humanité plus libre » (§ 10). On ne peut en effet tout attendre du dramaturge dithyrambique : « celui qui veut devenir libre ne le peut que par lui-même (§ 11). Voilà pourquoi, lorsque Nietzsche clôt son cheminement par l'examen des figures les plus marquantes des opéras de Wagner, il demande à ses lecteurs : « où sont parmi vous les Siegfried ? » (§ 11), ce courageux héros de la célèbre Tétralogie de Wagner, « L'anneau du Nibelung ».

Loin de se restreindre au panégyrique d'un compositeur hors-pair, ce livre tente d'appréhender le « médecin de la culture » comme philosophe d'un type nouveau. Au vu du caractère originaire de la musique (NT, § 16), il était tentant d'inviter Socrate à la pratiquer (NT, § 15 et 17). Artiste-philosophe, artiste total, « Wagner » incarne ce rêve.

HUMAIN, TROP HUMAIN
Volumes I et II

Enlisé dans le souci de sa gloire, captif des wagnériens et de la religion au point de laisser dépérir son génie créateur, l'individu Wagner n'est cependant pas à la hauteur de cette espérance. Plus important encore : Nietzsche veut lui-même devenir autre, après s'être confronté à l'épreuve du doute vis-à-vis des convictions qui l'ont jusqu'à présent porté. Dans l'itinéraire philosophique de Nietzsche, *Humain, trop humain*, rédigé en 1877-1878 et publié en 1878, apparaît tout d'abord comme une rupture.

Un moi nouveau doit s'affirmer et croître, porté par l'examen critique : « Le titre veut dire : "Là où *vous autres* voyez des choses idéales, *moi* je vois – des choses humaines, hélas, bien trop humaines !"... » (EH, III, « HTH », § 1). Le sous-titre précise qu'*Humain, trop humain* est « Un livre pour esprits libres », non pas au sens où il s'adresserait à une catégorie de lecteurs naturellement ou sociologiquement déterminée. L'esprit libre est moins une réalité circonscrite qu'une tâche à accomplir. On *devient* un esprit libre (HTH, préface, § 2 ; EH, III, « HTH », § 1) en se libérant progressivement de tout ce que l'on a indûment sacralisé. Tel est sans doute le sens de l'extrait de la troisième partie du *Discours de la méthode* qui tient lieu de préface lors de la première édition de l'ouvrage. Après avoir surmonté le doute, Descartes a su se construire et « chaque jour [...] découvrir quelque chose de nouveau », dans la « joie ». La dédicace à Voltaire, tenu pour « l'un des plus grands libérateurs de l'esprit » car il sut attaquer le christianisme sans céder aux appétits révolutionnaires revanchards

(HTH, I, § 221 et 463), complète cette orientation. Dans la mesure où l'esprit libre développe « l'esprit de recherche de la vérité » car « il veut, lui, des raisons, les autres des croyances » (HTH, I, § 225), *Humain, trop humain* peut être considéré comme l'ouvrage dans lequel Nietzsche se tient à première vue au plus près de la philosophie des Lumières.

Cette position correspondrait à un revirement spectaculaire, mais elle peut être tenue. Il est vrai que Nietzsche tourne désormais le dos aux « positions métaphysico-esthétiques » des écrits précédents, jugées « intenables » (FP 1876-1877, 23 [159]), ce reproche visant avant tout les conceptions schopenhauériennes de la volonté (HTH, II, OSM, § 5) et de la musique (HTH, I, § 215). Autre inflexion notable : après avoir émis dans *La naissance de la tragédie* les plus grandes réserves à propos de « l'homme théorique », il valorise à présent les méthodes scientifiques qui permettent de se déprendre le plus possible de nos convictions (HTH, I, § 629-638).

Soit, mais, des « sciences de la nature » (HTH, I, § 1) à une « science philosophique réellement libératrice » (*ibid.*, § 27 : c'est-à-dire l'exercice du *Versuch* ?), la signification de « science [*Wissenschaft*] » dans *Humain, trop humain* peut être tenue pour assez large. De surcroît, l'ambition de construire une culture supérieure subsiste dans cet ouvrage et présuppose toujours une structure sociale inégalitaire (HTH, I, § 439), même si le « culte du génie » (HTH, I, § 162, 164, 461 voire 521 ; HTH, II, OSM, § 186) et la question de la « production du génie » (HTH, I, § 230-235) s'ouvrent à la discussion.

Pourtant, le projet de faire advenir une culture tragique n'est-il pas abandonné au profit d'une culture orientée vers le progrès? Certes, il convient d'admettre, contre Schopenhauer, que le progrès est possible sur la scène historique (HTH, I, § 24), mais il est moins une valeur à célébrer sans distance qu'un problème (HTH, I, § 26 et 224). En outre, l'absence de références à Apollon et Dionysos dans *Humain, trop humain* ne doit pas tromper. Si, dès lors que le principe d'individuation apollinien s'abîme dans l'universelle indistinction dionysiaque, le tragique se définit avant tout par l'ouverture à « quelque chose de suprapersonnel » (WB, § 4), cette orientation est moins délaissée que retravaillée, redéfinie, élargie, conformément à la dynamique du *Versuch* comme série de tentatives ou d'essais. D'une part, le soi-disant libre arbitre individuel se fond dans la liaison nécessaire de toutes choses, envisagée tour à tour sous l'angle du déterminisme scientifique (HTH, I, § 106) et du *fatum* (HTH, II, OSM, § 33), d'où la constitution dans les deux cas de l'idée de responsabilité personnelle en problème (HTH, I, § 107; HTH, II, VO, § 61). D'autre part, le « philosopher historique » (HTH, I, § 2, trad. modifiée) relie chaque individu au passé le plus vaste (HTH, I, § 1-2) : au risque de diluer drastiquement voire d'annihiler l'idiosyncrasie (HTH, II, OSM, § 185 et 223)? C'est en tout cas à nouveaux frais que Nietzsche envisage les relations entre microcosme et macrocosme (HTH, I, § 276 et 292). Il apparaît donc que la force novatrice d'*Humain, trop humain* n'exclut pas la continuité du cheminement intellectuel de Nietzsche.

Fait nouveau, *Humain, trop humain* consiste en une disposition méticuleuse d'aphorismes, ces textes relativement brefs de belle densité sémantique. Hormis *Ainsi parlait Zarathoustra*, *Idylles de Messine* et les *Dithyrambes de Dionysos*, c'est désormais sous cette forme que Nietzsche rédigera son œuvre. Ces aphorismes sont regroupés en neuf sections qui dessinent l'orientation suivante : à une philosophie métaphysique rivée sur la chose en soi (section I) succède l'« observation psychologique », cette « réflexion sur l'humain, le trop humain » (HTH, I, § 35) qui, au rebours de l'idéalisme moral, tient l'utilité, le plaisir et – par-delà la lecture de *De l'origine des sentiments moraux* de Paul Rée – déjà la *puissance* pour buts de l'agir (section II). Les types des religieux (section III), des artistes et des écrivains (section IV) sont ensuite examinés dans la perspective d'une typologie des cultures (section V), tandis que le dernier tiers de l'ouvrage considère l'homme en relation avec ses semblables (section VI) puis seul avec lui-même (section IX) après s'être penché sur femme et enfant (section VII) ainsi que sur l'État (section VIII). Deux appendices sont rédigés en 1879 : *Opinions et sentences mêlées*, puis *Le voyageur et son ombre*. En 1886, à l'occasion d'une nouvelle publication d'*Humain, trop humain*, ils sont réunis pour en constituer le deuxième volume.

Comment appréhender le mélange (*Vermischung*) à l'œuvre dans *Opinions et sentences mêlées* (vermischte) ? La première partie d'*Humain, trop humain*, II, ne consiste ni en une simple juxtaposition de paragraphes sans liens ni en une articulation à la logique indiscutable. Si, à première lecture, apparaît une succession de larges unités thématiques (penser la vie, l'amour, le christianisme, l'art, les femmes, les partis, les vertus), il est flagrant que cette délimitation est insuffisante car ces dénominations d'un lecteur parmi d'autres sont évasives. Même si cette liste était universellement approuvée, des obstacles referaient surface : après avoir été approchés une première fois, des thèmes réapparaissent ensuite ; chacune de ces unités pourrait être subdivisée en unités plus fines ; identifier à coup sûr le paragraphe dans lequel s'opère le passage d'un regroupement à un autre ne va pas de soi. Le lecteur doit donc procéder par hypothèses ou s'engager plus fermement dans la voie de l'interprétation, c'est-à-dire la production d'un sens possible, à justifier rigoureusement sans pourtant se leurrer à propos de la possibilité de découvrir l'ordre « en soi ».

Que faire en effet des « inclassables » ? Jusqu'où être fidèle à la volonté d'ordonner ? Si réduire un recueil d'aphorismes à une irréductible dispersion est une solution paresseuse, les insérer dans une rubrique que Nietzsche n'a pas choisie peut être tenu pour un coup de force. Et la notion de « thème » n'est-elle pas un pis-aller ? La lecture active d'un recueil d'aphorismes de Nietzsche confronte dès lors à cette difficulté : le *Versuch* philosophique de l'auteur est comme redoublé par celui du lecteur. Tâche complexe voire périlleuse, mais extrêmement stimulante.

La deuxième partie d'*Humain, trop humain*, II, pose les mêmes problèmes, à une différence près : elle s'ouvre et se clôt par un dialogue entre le « voyageur » et son « ombre », susceptible de préciser l'éventuelle unité de ce regroupement d'aphorismes. Ces deux dialogues demeurent cependant énigmatiques. Le premier indique que l'on ne peut restreindre l'ombre à ce que l'on pourrait appeler en français « la part d'ombre » de chacun, et notamment sa vanité (*Eitelkeit*) : l'ombre est présentée comme ce qui fait ressortir la lumière, mais aussi comme l'ombre projetée de toute connaissance. Cette introduction atypique terminée, le corps même de la deuxième partie d'*Humain, trop humain*, II, consiste en un parcours dans lequel « le voyageur » questionne notamment les thématiques de la connaissance, du libre arbitre, de la justice et du droit, de la vertu, de l'art d'écrire et donc du style, des musiciens et de la musique, des savants et de l'éducation, du châtiment, de la civilisation de la machine, du masculin et du féminin, de la paix et de la démocratie, et plus largement du devenir individuel et du devenir des civilisations.

Dans le dialogue de clôture, l'ombre se réjouit d'avoir appris lors de ce périple que les hommes se proposaient enfin de « redevenir bons voisins des choses les plus proches ». Figure du *Versuch*, le voyageur chemine sans « but dernier » (HTH, I, § 638), c'est-à-dire en effet sans autre but que trouver le « *plaisir de toutes les choses les plus proches* » (HTH, II, VO, § 350). Il est vrai que, d'emblée, « on se fait "*voyageur*" quand on n'est nulle part *chez soi* » (FP 1879, 40 [20]). Pourtant, cheminer de question en question, parcourir les facettes des différentes cultures à différentes époques permet de se retrouver dans le monde, tout en problématisant la frontière entre soi et le monde. En ce sens, *Humain, trop humain* vise à la fois la réconciliation avec les « choses humaines » et la fin du « *temps des individus isolés* » (HTH, II, VO, § 350).

AURORE

Rédigé entre le début de l'année 1880 et le début de l'année 1881, publié en 1881, *Aurore* a pour sous-titre « Pensées sur les préjugés moraux » et pour épigraphe une formule empruntée au Rig-Veda : « Il y a tant d'aurores qui n'ont pas encore lui ». L'ouvrage revendique donc tout à la fois la continuité de l'observation psychologique déjà déployée dans *Humain, trop humain* et l'ouverture vers un avenir neuf, à inventer.

L'ensemble est composé de cinq livres, sans titres. Il incombe ainsi au lecteur de se repérer, et la tâche n'est pas facile. Il serait d'ailleurs tentant de prendre Nietzsche au mot lorsqu'il écrit : « Un livre comme celui-ci n'est pas fait pour être lu à la suite ni devant un public, mais pour être feuilleté, surtout en promenade et en voyage. On doit pouvoir constamment y plonger et en sortir la tête, et ne plus rien trouver d'habituel autour de soi » (A, § 454). Dans cette perspective, *Aurore* radicalise-t-il le *Versuch* au sens où la visée ultime de l'ouvrage serait moins de diffuser tel ou tel contenu que faire naître des expériences du monde sans cesse renouvelées chez le lecteur ? Hypothèse envisageable, mais cette fonction de catalyseur n'exclut pas par principe l'unité. Au sein de chacun des cinq livres, ce même lecteur peut ainsi procéder à des regroupements thématiques, or il apparaît rapidement que ces regroupements se subordonnent à la notion maîtresse, la morale, à examiner selon Nietzsche afin de préparer un avenir rayonnant.

Cette unité est pourtant complexe. Conformément au sous-titre de l'ouvrage, *Aurore* s'efforce de penser des « préjugés moraux » atypiques. D'une part, « préjugé » ne désigne pas simplement une idée au sens d'une représentation : l'observation psychologique est tout autant physiologique car notre pensée procède de poussées infra-conscientes. *Aurore* est à cet égard un pénétrant traité des pulsions. D'autre part, l'épithète « moraux » ne prend pas simplement sens à partir de *la* morale en tant que codification rationnelle des conduites ; il renvoie aux mœurs et plus largement à des comportements imposés par une tradition antérieure à l'émergence du sujet moral en quête d'une distinction universelle entre le bien et le mal. « Moral » se dit d'une organisation pulsionnelle, affective, grâce à laquelle ce vivant qu'est l'homme s'efforce de se réguler de manière de plus en plus élaborée – on pense entre autres au § 109 qui examine les stratégies pour lutter contre une pulsion violente et au § 429 qui traite de la pulsion (*Trieb*) qui devient passion (*Leidenschaft*) de la connaissance.

Aurore prolonge donc le « philosopher historique » (HTH, I, § 2, trad. modifiée) mais place au premier plan le sentiment de puissance (*Gefühl der Macht*) aperçu mais nettement moins développé dans *Humain, trop humain*. Lorsqu'il s'agissait de préciser la pulsion motrice, ce dernier ouvrage insistait surtout sur le plaisir (*Lust*, *Vergnügen*) même si une relation entre plaisir et puissance avait pu être ponctuellement envisagée (HTH, I, § 103-104). Plus nettement encore qu'*Humain, trop humain*, *Aurore* s'achemine ainsi vers l'entreprise généalogique soucieuse d'*exhumer* – ce volume est marqué par l'image des degrés de profondeur (A, § 446) ou du souterrain (A, Avant-propos, § 1) – les types de volontés de puissance à l'œuvre dans les différentes évaluations.

Dans l'œuvre publiée, Nietzsche utilisera plus tardivement « volonté de puissance » (*Ainsi parlait Zarathoustra*) et « généalogie » (*Généalogie de la morale*). *Aurore* n'est-il alors qu'un livre de transition, aux formulations encore tâtonnantes ? Lorsqu'il l'envisage avec recul, Nietzsche décèle pourtant en cet ouvrage une inflexion véritablement novatrice. En 1886, il le considère comme point de départ de la méfiance systématique vis-à-vis de la morale la plus idéaliste (A, Avant-propos, § 2) et, en 1888, il le relie au renversement de toutes les valeurs (EH, III, « A », § 1). Assigner sa juste place à *Aurore* dans le développement de la pensée de Nietzsche ne va donc pas de soi. Néanmoins, après avoir affirmé que « c'est par ce livre que s'ouvre ma campagne contre la *morale* », Nietzsche précise bien dans *Ecce homo* que la tonalité de l'ensemble d'*Aurore* n'est pas guerrière (EH, III, « A », § 1). Tandis que la *Généalogie de la morale* a pour sous-titre « Écrit de combat », le sous-titre d'*Aurore* précise que l'ouvrage consiste plus diversement en des « pensées ».

Le pluriel est important. Il s'impose, pour souligner la diversité des modes d'exercice de la pensée à l'œuvre dans ce volume. *Aurore* propose ponctuellement des aphorismes prescriptifs ou normatifs (par exemple : § 149, l'idée même de précepte moral étant questionnée au § 108). Mais son contenu est le plus souvent problématisant. Pour s'en tenir à un extrait du livre II : le « moi », le sujet, l'action sont-ils connaissables (§ 115-116) ? La frontière entre le moi et autrui peut-elle être tracée (§ 117-118) ? Au vu de la complexité des relations pulsionnelles, l'expérience se distingue-t-elle nettement de l'imaginaire (§ 119) ? Les aphorismes peuvent également ment consister simplement en la description (si l'on se réfère par exemple à la fin du livre IV : § 414 et 421 : « il existe ») de types (§ 417-418 : « Plus d'un ») ou d'idiosyncrasies (§ 412), au rebours de la prétention à l'universel (§ 413 : « il n'est pas rare que » ; § 415 : « Dans la plupart des cas »). *Aurore* est un livre à examiner pour lui-même, sans céder aux raccourcis, de sorte que Nietzsche recommande la prudence interprétative à son lecteur (A, Avant-propos, § 5).

Série d'expériences, de tentatives, d'essais : *Aurore* est un *Versuch* de voyageur (§ 432) en quête d'ailleurs (la nouvelle « *Inde* » du § 575) et de transformation de soi (§ 453 et 501) et plus largement d'ouverture à l'infini des possibles, comme le suggère le dernier paragraphe qui se termine par « Ou bien? – » (§ 575). Au lieu de faire miroiter des solutions extraordinaires, cet ouvrage insiste sur la valeur (la grandeur?) des petites choses de la vie : les « petites actions » (§ 149), les « petits exercices » (§ 462), les « petites doses » (§ 534) et peut-être même les « petites vérités » (§ 490). Soucieux de *cultiver* la joie prise au réel (§ 244), c'est donc en douceur qu'*Aurore* lance un changement radical.

LE GAI SAVOIR

Nietzsche souhaitait augmenter *Aurore* de plusieurs livres et avait entamé leur rédaction dès 1881. Ils seront finalement publiés sous le titre *Le gai savoir*. Une première version composée d'un prélude en rimes intitulé « Plaisanterie, ruse et vengeance » et de quatre livres paraît en 1882. Une nouvelle version est publiée en 1887. Elle est augmentée d'une préface et d'un cinquième livre rédigés en 1886 ainsi que d'un appendice constitué de poèmes intitulé « Chansons du Prince Vogelfrei », conçu majoritairement à partir d'*Idylles de Messine*, paru en 1882 dans une revue, l'*Internationale Monatschrift*.

Gai savoir, et même gaie science (*Wissenschaft*) : n'est-ce pas d'emblée un oxymore, si la connaissance est à « *prendre au sérieux* » (GS, § 327)? Nietzsche rapporte rétrospectivement ce titre à « l'*ivresse* de la guérison » (GS, préface, § 1). Le savoir visé est alors une science à vivre de manière affirmative, une sagesse ouverte au rire (GS, § 1), l'expression d'une santé à même de surmonter les troubles grâce à la *Heiterkeit* en tant que sérénité dynamique marquée par l'allégresse. « *La gaya scienza* », sous-titre ajouté dans l'édition de 1887, situe *Le gai savoir* dans la continuité de la culture provençale qui, selon Nietzsche, donnait vie à l'« unité du *troubadour*, du *chevalier* et de l'*esprit libre* » (EH, III, « GS ») : descriptif du philosophe que Nietzsche appelle de ses vœux, tout à la fois artiste, homme d'action vaillant et penseur indépendant ? Caractérisation de ce médecin, moins soucieux de vérité désincarnée que « de quelque chose d'autre, disons de santé, d'avenir, de croissance, de puissance, de vie… » (GS, préface, § 2) ?

Les trois premiers livres n'ont pas de titres, mais il est possible de discerner en eux au moins les grands traits suivants. Le livre I place d'emblée l'accent sur l'économie d'ensemble : et si la conservation de l'espèce humaine réclamait la prodigalité, le tragique (§ 1) et donc le mal (§ 4), paradoxalement fécond (§ 19) ? Bien et mal ne sont que des modalités du sentiment de puissance (*Machtgefühl*, § 13), et vivre requiert la cruauté (§ 26). La gaité est par conséquent à célébrer sur fond de lucidité vis-à-vis du caractère âpre de la réalité. Il s'agit donc de parvenir à « un contentement de soi riche à profusion et qui se communique aux hommes et aux choses » (§ 55).

Le livre II parcourt principalement le champ de l'art avant d'insister, dans le dernier paragraphe, sur sa vocation essentielle. Nous sommes aptes à reconnaître l'erreur et l'illusion au cœur des sciences et même de toute perception du monde sans être capables de remédier à ce constat. Poussée à son terme, « la *probité* (Redlichkeit) entraînerait le dégoût et le suicide » (§ 107). Autrement dit, comme Nietzsche le précise en 1886, « "Volonté de vérité" – cela pourrait être une secrète volonté de mort » (GS, V, § 344). Fort heureusement, « l'art, entendu comme la *bonne* disposition envers l'apparence [*Schein*] » (§ 107) peut contrebalancer ces tendances potentiellement mortifères. Le gai savoir résulterait ainsi d'un rééquilibrage des rapports entre appétit de connaissance et pulsion artistique en chacun de nous.

La mort de Dieu ne dispense pas de devoir « vaincre son ombre » : ainsi s'ouvre le livre III (§ 108). S'ensuivent des aphorismes très importants, qui traitent du monde comme chaos (§ 109), du rapport entre vérité, puissance et vie (§ 110), de la provenance pulsionnelle de la logique (§ 111) et de la causalité comme schématisation du « flux du devenir » (§ 112). Le point culminant de ce livre III est la reprise du thème de la mort de Dieu, augmentée de la présentation du risque de ce que Nietzsche appellera plus tard nihilisme (§ 125). Après une présentation de la religion sous différentes facettes (§ 126-151), la fin de ce livre laisse çà et là pressentir le changement radical de perspective déployé dans le livre suivant (§ 233 pour l'éternel retour ; § 242, 267 et 269 pour la justice).

Intitulé « *Sanctus Januarius* », le livre IV est l'apogée de la première édition du *Gai savoir*. Il s'ouvre sur un éloge de l'*amor fati* au sens d'un dire « oui » porteur de « douceur » à l'ensemble du monde (§ 276) mais, loin de valoriser une appréhension émolliente de l'existence, Nietzsche célèbre le courage de ceux qui affrontent l'altérité d'emblée la plus inquiétante pour la surmonter avec *Heiterkeit* c'est-à-dire une sérénité joyeuse conquise de haute lutte (§ 283). C'est vouloir « l'éternel retour de la guerre et de la paix » qui élève (§ 285). L'ensemble de ce livre IV s'achemine ainsi vers ses sommets, situés à son terme : le § 341, qui montre comment la pensée de l'éternel retour peut frapper d'absurdité ou intensifier la vie de celui qui la reçoit ; le § 342, qui intègre quasiment au mot près le tout début d'*Ainsi parlait Zarathoustra* (APZ, « Prologue de Zarathoustra », § 1).

Le livre V a pour titre « Nous, sans peur ». De quoi pourrions-« nous » avoir peur ? De la mort de Dieu, potentiellement porteuse de nihilisme, or il nous incombe d'accueillir et de cultiver la gaieté d'esprit (*Heiterkeit*) propre au gai savoir pour accéder à la facette stimulante de cet événement (§ 343). Par conséquent, surmonter le nihilisme est affaire de santé et même de « *grande santé* » (§ 382) c'est-à-dire d'aptitude à se relever après avoir été provisoirement terrassé. « Nous, sans peur » signifie un état du corps, une configuration physio-psychologique capable d'affirmer la vie contre la volonté de mort à l'œuvre dans la volonté de vérité (GS, § 344). « Nous, sans peur » renvoie donc à une configuration pulsionnelle apte à vouloir en son sens éminent, à savoir commander et se commander (§ 347), et plus généralement porteuse de « volonté de puissance, qui est précisément la volonté de la vie » (§ 349). « Nous, sans peur » désigne alors la communauté à construire de ceux qui acceptent sans ciller et même affirment avec vigueur le caractère perspectiviste de l'existence (§ 374). « Nous, sans peur » veut donc dire « nous, nouveaux, sans nom, difficiles à comprendre, nous, enfants précoces d'un avenir encore non assuré » (§ 382), autrement dit « nous, philosophes et "esprits libres" » (§ 343).

AINSI PARLAIT ZARATHOUSTRA

La rédaction de cet ouvrage s'est étalée dans le temps. Les deux premières parties furent écrites en 1883 ; la troisième, l'année suivante. Une première version du livre fut alors publiée en 1884. La quatrième partie fut composée l'année d'après ; Nietzsche la fit publier à compte d'auteur avec un tirage confidentiel, en 1885.

Cette œuvre, la plus célèbre de Nietzsche, est incontestablement déroutante. Le sous-titre indique, de manière énigmatique : « Un livre pour tous et pour personne ». Cet ouvrage est de droit « pour tous », car il traite du devenir de l'humanité ; de fait, il est « pour personne », ou presque, au vu de l'incompréhension qu'il suscite d'emblée.

Zarathoustra expérimente en effet « un art nouveau du discours » (APZ, II, « L'enfant au miroir »). Lorsqu'il s'exprime, il met au supplice notre croyance en la validité des oppositions usuelles, ce que confirment quelques extraits parmi tant d'autres : « je ne fais pas d'aumônes. Je ne suis pas assez pauvre pour cela » (prologue, § 2) ; « tu t'aimes toi-même et c'est pourquoi tu te méprises comme ne se méprisent que ceux qui aiment » (I, « De la voie du créateur ») ; « L'homme de la connaissance ne doit pas seulement aimer ses ennemis, mais il doit aussi pouvoir haïr ses amis » (I, « De la vertu qui prodigue », § 3) ; « je n'aime que la vie, – et en vérité, surtout, quand je la hais ! » (II, « Le chant de la danse »). Autres éléments déconcertants : le récit qui prête vie à Zarathoustra intègre un bestiaire diversifié (aigle, serpent, âne, mouches, tarentules, sangsue, etc.), une étrange galerie de portraits (le criminel blême, le magicien, le vieux pape, l'être humain le plus laid, etc.) et des péripéties atypiques.

Comment appréhender ce livre ? À l'évidence, en chacun de nous, il ne s'adresse pas à la raison la plus impersonnelle. Il nous *touche*, diversement : si le ton sentencieux peut lasser, certains éclairs stylistiques peuvent séduire. *Ainsi parlait Zarathoustra* ne s'ouvre-t-il qu'à une lecture affective ? Pas seulement car, dans cette œuvre, la « musique » du texte, et plus précisément la « langue du *dithyrambe* » – pour reprendre les analyses ultérieures de Nietzsche (EH, III, « APZ », § 1 et 7) –, sont à accueillir de manière « physio-psychologique », dans l'ordre d'une continuité entre ces deux composantes. Le texte ne touche donc que pour édifier. Il incombe ainsi au lecteur de méditer chaque chapitre, voire chaque page, afin de s'élever. La tâche est particulièrement rude car le texte défie en permanence notre capacité d'interpréter. *Ainsi parlait Zarathoustra* expose le lecteur probe, soucieux de comprendre tout autant que de respecter l'altérité du texte, à une forme aiguë d'inconfort. Ce livre constitue cependant une étape du cheminement philosophique de Nietzsche, aussi originale soit-elle.

En premier lieu, pourquoi constituer Zarathoustra en personnage principal ? Parce qu'il a fondé en Perse une religion qui séparait très nettement le bien et le mal, 600 ans – ou un peu plus – avant la naissance du Christ. En d'autres termes, « Zarathoustra a *créé* cette funeste erreur qu'est la morale : par conséquent, il doit être le premier à la *reconnaître* » (EH, IV, § 3). Dans l'économie de l'œuvre, « Zarathoustra » incarne le *passage* de la morale religieuse à la philosophie située « par-delà bien et mal » (pour reprendre le titre de l'ouvrage de Nietzsche immédiatement postérieur) : « La morale se surmontant elle-même par véracité, le moraliste se surmontant lui-même pour devenir son contraire – *moi* –, voilà ce que signifie dans ma bouche le nom de Zarathoustra » (EH, IV, § 3).

Zarathoustra rappelle fréquemment que Dieu est mort ; toujours soucieux de ne pas fédérer de croyants autour de lui, il n'est pas un « "prophète" » (EH, Avant-propos, § 4). Sans prétentions eschatologiques (APZ, prologue, § 2 : « *restez fidèles à la terre* et ne croyez pas ceux qui vous parlent d'espérances supraterrestres ! »), il enseigne le surhumain (*Übermensch*) comme avenir possible tenu pour fructueux. En effet, l'amour pour les hommes (prologue, § 2) n'empêche pas d'affirmer que l'homme « doit être surmonté » (prologue, § 3). Cependant, la foule à laquelle s'adresse Zarathoustra dans le prologue préfère le « dernier homme » (prologue, § 5), c'est-à-dire l'homme en quête de bien-être et d'uniformité, au surhumain il est vrai difficile à concevoir. Au terme du prologue, Zarathoustra se détourne de la foule et s'oriente vers la recherche de « compagnons » capables de créer en faisant advenir de nouvelles valeurs (prologue, § 9).

La première partie débute par la présentation des métamorphoses successives de l'esprit, qui se fait d'abord « chameau » porteur de la tradition, puis « lion » conquérant la liberté, puis « enfant » affirmateur, enfin capable de « créer des valeurs nouvelles » (I, « Des trois métamorphoses »). Cette première partie valorise le corps et la terre (I, « Des prêcheurs d'arrière-mondes ») et, après avoir défini le corps comme « grande raison », invite à créer par-delà soi-même (I, « Des contempteurs du corps »). Le monde requiert en effet des « inventeurs de valeurs nouvelles » (I, « Des mouches du marché »), des évaluateurs-créateurs qui fixent la valeur conformément à une volonté de puissance particulière (I, « Des mille et un buts ») et non à partir d'une volonté de rétribution rigoureuse (I, « De la morsure de la vipère »). Tandis que la mort de Dieu implique la dévalorisation des valeurs, le surhumain signifie le type d'homme à venir capable d'amorcer le renouveau axiologique le plus fécond : « *Tous les dieux sont morts ; nous voulons à présent que le surhumain vive* » (I, « De la vertu qui prodigue », § 3).

« Il n'a encore jamais existé de surhumain », précise la deuxième partie (II, « Des prêtres »). Afin de rendre ce type possible, il convient de s'écarter des conceptions étriquées de la vertu (II, « Des vertueux ») et de la justice : contre la volonté d'égalité, il faut admettre que « la vie veut s'élever [*steigen*] et se surmonter elle-même en s'élevant [*steigend sich überwinden*] » (II, « Des tarentules »). La volonté de vérité elle-même procède de la volonté de puissance, c'est-à-dire, par-delà Schopenhauer, de « la volonté de vivre que rien n'épuise et qui crée » (II, « Du surpassement de soi »). Le surpassement de soi (*Selbstüberwindung*) est le secret de la vie (*ibid.*) ; à plus petite échelle, le surhumain à venir est censé incarner cette tendance. Mais la route est parsemée d'obstacles : le hasard (*Zufall*) règne, et pourrait produire le dégoût (*Ekel*) vis-à-vis de l'existence. Comment se remettre notamment des maux subis sans raison dans le passé ? Poussée par l'aigreur, « la volonté en veut au temps et à son "c'était" » (II, « De la rédemption »). Alors qu'il évoque ce registre temporel, Zarathoustra se tait soudain, effrayé (*ibid.*) et, au terme de la deuxième partie, il confie sa réticence à délivrer un secret apparemment capital (II, « L'heure la plus silencieuse »).

Ces hésitations trouvent une explication possible dans la troisième partie, qui aborde progressivement la pensée de l'éternel retour de l'identique. Cette pensée est à présenter avec précaution car elle peut renforcer le nihilisme dont il s'agit pourtant de sortir. En effet, si tout revient à l'identique, s'engager dans la vie a-t-il encore un sens ? Pourtant, le berger en passe d'être étouffé par le serpent noir parvient à le tuer (III, « De la vision et de l'énigme », § 2), ce qui peut être interprété ainsi : la portée destructrice de l'éternel retour peut être surmontée. Il est

alors possible de dire oui à l'ensemble de la réalité car
« toutes les choses sont baptisées au puits de l'éternité
et par-delà le bien et le mal » (III, « Avant le lever du
soleil »). Le hasard peut donc être innocenté (III, « Sur
le mont des oliviers »). Pourtant, Zarathoustra réprouve
les « satisfaits de tout » qui disent oui sans savoir dire
non (III, « De l'esprit de pesanteur », § 2), c'est-à-dire
ceux qui sont incapables de vouloir (III, « De la vertu
qui rend petit », § 3). « Vouloir libère : car la volonté est
création » de nouvelles valeurs (III, « Des vieilles et des
nouvelles tables », § 16).

Il est vrai que, dans la mesure où ce qu'il y a de plus
vil est censé revenir éternellement, la pensée de l'éternel
retour peut produire le dégoût (III, « Le convalescent »,
§ 2) mais l'éternité est à aimer (III, « Les sept sceaux »),
d'un amour qui n'exclut pas le discernement. Elle est
à aimer d'un « grand amour » (III, « De la vertu qui
rend petit », § 3), qui intègre « le grand mépris, plein
d'amour, celui qui aime le plus quand il méprise le
plus » (III, « Du grand désir »). Par conséquent, dire
oui à la réalité n'invalide pas la nouvelle axiologie
que le surhumain doit produire, suite à l'incorporation
(*Einverleibung*) affirmative de l'éternel retour. Mais
comment faire advenir ce type exceptionnel ? Dans le
quatrième livre, Zarathoustra aborde diverses figures de
ce qui constitue le type de « l'homme supérieur [*höhere
Mensch*] », incontestablement plus noble que le « dernier
homme », mais inférieur au surhumain. Ce livre relate
entre autres les difficultés qu'éprouvent ces hommes
supérieurs à se hisser à la pensée de l'éternel retour.
Zarathoustra est en attente d'esprits parvenus au stade
ultime des trois métamorphoses (IV, « La salutation » :
« il faut que viennent des *lions qui rient !* ») mais le

chemin qui conduit au surhumain est long et escarpé :
« vous, hommes supérieurs, *apprenez* donc à rire »
(IV, « De l'homme supérieur », § 20). Les hommes
supérieurs demeurent des « ponts », des « marches »
(IV, « La salutation »). Zarathoustra avait défini « le
grand midi » comme ce moment où l'homme se trouve
à mi-chemin entre l'animal et le surhumain (I, « De la
vertu qui prodigue », § 3) ; au terme de l'ouvrage, il en
appelle à ce « grand midi » (APZ, IV, « Le signe » :
« lève-toi, lève-toi, grand midi ! ») sans qu'une méthode
de production du surhumain ait été dégagée à coup sûr.
Ainsi parlait Zarathoustra présente ainsi le surhumain
comme problème.

PAR-DELÀ BIEN ET MAL

La rédaction de *Par-delà bien et mal* s'est étalée dans
le temps ; elle remonte principalement aux années 1883-
1885. L'ouvrage paraît en 1886. S'il contient de courtes
observations ou sentences (section IV : « Maximes et
intermèdes ») ainsi qu'une conclusion poétique (« Depuis
les cimes. Chant en épilogue »), il revient majoritairement
à la forme de l'aphorisme inaugurée dans *Humain,
trop humain*. Cette œuvre prolonge le traitement du
problème posé par *Ainsi parlait Zarathoustra* : comment
faire advenir un type supérieur d'humanité ? La notion
d'« homme supérieur » est ponctuellement réutilisée (par
exemple, en PBM, § 256, elle est illustrée entre autres
par des artistes de la modernité) mais, dans *Par-delà
bien et mal*, Nietzsche renouvelle et précise sa vision
de l'ascension à construire : l'esprit libre prépare les
philosophes de l'avenir – d'où le sous-titre de cet écrit,
« Prélude à une philosophie de l'avenir » – capables

de créer des valeurs à même de faire émerger un type supérieur (la notion de surhumain n'est pas utilisée).

La première section, « Des préjugés des philosophes », questionne la valeur de la volonté de vérité (§ 1). Selon Nietzsche, la question majeure n'est pas de savoir si l'on peut accéder à la vérité mais si y parvenir « conserve la vie » (§ 4). Or, cette question se complexifie car la vie n'est pas volonté d'autoconservation mais volonté de puissance (§ 13). La philosophie est ainsi rapportée à une « pulsion tyrannique », à « la plus spirituelle volonté de puissance » (§ 9). Comment, dès lors, passer de la logique de la conservation à celle de l'intensification de la vie (§ 23) ?

Indépendant (§ 29), « L'esprit libre » – titre de la deuxième section – est le précurseur de « philosophes de l'avenir », de « philosophes *nouveaux* » (§ 44) qui sauront accorder une place centrale à la volonté de puissance dans leur interprétation du monde (PBM, § 36) et donc orienter vers le « dépassement de la morale, en un certain sens même l'autodépassement [*Selbstüberwindung*] de la morale » (§ 32). C'est pourquoi les oppositions de valeurs (§ 2 et 24) sont à surmonter : il s'agit de philosopher par-delà vrai et faux (§ 34) et par-delà bien et mal (expression déjà utilisée à plusieurs reprises dans APZ), afin de créer dans l'optique de l'accroissement de puissance et donc d'intensifier l'existence au rebours des idéaux démocratiques « *niveleurs* » (PBM, § 44).

La troisième section envisage les diverses manifestations de « la religiosité ». Nietzsche constate chemin faisant que les religions peuvent tendre à conserver les hommes tels qu'ils sont mais il soutient que « l'homme est l'*animal qui n'est pas encore fixé de manière stable* » (§ 62), de sorte que l'élévation est la responsabilité du philosophe à venir : « ce philosophe se servira de la religion pour son œuvre d'élevage et d'éducation [*Züchtungs- und Erziehungswerke*] de l'homme, de même qu'il se servira des conditions politiques et économiques de son époque » (§ 61).

« Éléments pour l'histoire naturelle de la morale », cinquième section de l'ouvrage, propose l'élaboration d'une « *typologie* de la morale » (§ 186), commencée au moins depuis la deuxième section d'*Humain, trop humain* (volume I) et qui se poursuivra dans la *Généalogie de la morale*. De manière générale, les morales se définissent comme « *langage figuré des affects* » (§ 187) or « *la morale est aujourd'hui en Europe la morale de l'animal de troupeau* » (§ 202). Il se confirme donc qu'un type supérieur est à produire, à élever (§ 200). C'est aux « *philosophes nouveaux* » qu'il incombe de réorienter l'histoire (*Geschichte*) vers un renversement des valeurs (*Umwerthung der Werthe*) : « on pourrait [tant] *faire de l'homme à force d'élevage* [züchten] » (§ 203).

Pour ce faire, les objectifs de la philosophie doivent être redéfinis. La sixième section, « Nous, savants », fustige l'allégeance de la philosophie à la science car la philosophie se doit de « *dominer* » (§ 204). L'idéal d'objectivité restreint le savant au rôle de « miroir » du monde (§ 207) alors qu'il convient de savoir vouloir pour savoir commander : « une nouvelle caste dominant l'Europe » doit émerger, dans l'ordre de « la grande politique » (§ 208). Dans cette perspective, les philosophes nouveaux « pourraient bien » (§ 210) cultiver non pas le scepticisme de la pusillanimité mais le « scepticisme de la virilité téméraire » (§ 209). Ces philosophes de l'avenir n'ont pas pour vocation première de « refléter » (§ 207) la réalité mais de statuer sur les valeurs afin d'en créer de nouvelles, susceptibles de faire advenir la « grandeur » (§ 212) : « Leur "connaître" est un *créer*, leur créer est un légiférer, leur volonté de vérité est – *volonté de puissance* » (§ 211).

Une communauté complexe est ainsi à la croisée des chemins. Quelles sont les vertus susceptibles de nous élever, « nous, Européens d'après-demain » (§ 214)? Quelles sont « nos vertus » (titre de la septième section)? Pour le savoir, c'est du collectif le plus vaste, c'est-à-dire de « nous, hommes modernes » (§ 215 et 224), de « nous, Européens » (§ 224) contemporains qu'il convient de partir. Ces « hommes du "sens historique" » (§ 224), ne savent pas hiérarchiser les valeurs. Quelles vertus cultiver afin de s'orienter vers la grandeur? Nietzsche examine notamment la probité (*Redlichkeit*) à qui peut s'adjoindre « notre courage d'aventuriers, notre curiosité rusée au goût difficile, notre volonté de puissance et de victoire sur le monde la plus subtile, la plus masquée, la plus spirituelle, qui rôde et virevolte avec convoitise autour de tous les royaumes à venir » (§ 227). « Nos vertus » ne sont donc pas des vertus émollientes (§ 225). Si la spiritualisation (*Vergeistigung*) des pulsions est une tendance historique (§ 229), elle ne doit pas nous empêcher de regarder « en face », avec réalisme, notre provenance naturelle (§ 230) qui goûte la cruauté (§ 229-230). Enfin, cette septième section se termine par quelques observations sur les femmes (§ 231-239).

La huitième section, « Peuples et patries », problématise la référence à l'Europe. En cette « époque des masses » (§ 241), « le mouvement *démocratique* de l'Europe » est globalement porteur d'« une médio-crisation [*Vermittelmässigung*] de l'homme » qui peut cependant favoriser de manière involontaire « l'élevage de *tyrans*, – à tous les sens du terme, y compris le plus spirituel » (§ 242). Nietzsche prise peu la « patriotardise [*Vaterländerei*] » (§ 241, 245 et 254); il désacralise l'idée de nation (§ 251) et s'inquiète de la « démence nationaliste » (§ 256). Par conséquent, le « "problème européen" » est celui de « l'élevage d'une caste nouvelle dirigeant l'Europe » (§ 251), qui, grâce à l'apport d'hommes de culture éminents, permettra l'émergence de « l'Européen de l'avenir » (§ 256).

« Qu'est-ce qui est noble ? », neuvième et dernière section de l'ouvrage, réaffirme l'objectif de « l'élévation [*Erhöhung*] du type "homme" » (§ 257). La société ne se justifie que pour produire « un *être* supérieur » (§ 258) dans l'économie de la volonté de puissance comme quête de suprématie et non d'égalité (§ 259). « Il y a une *morale de maîtres* et une *morale d'esclaves* » qui, certes, perçoivent différemment le bien et le mal (§ 260) mais seuls les maîtres savent « créer des valeurs » (§ 261). Dans cette perspective hiérarchisée, l'âme noble « *se sait tout en haut* » (§ 265). Au rebours de la vie grégaire, elle a « *du respect pour elle-même* » (§ 287).

Le type supérieur à produire est censé être d'une grande fécondité. Voilà pourquoi, contre l'anesthésie du potentiel créatif de l'homme, Dionysos cherche à le rendre « plus fort, plus méchant et plus profond qu'il ne l'est » (§ 295) : une manière de dire « oui au monde », dans la perspective de l'éternel retour (§ 56) ?

LA GÉNÉALOGIE DE LA MORALE

Il n'est pas facile de prendre la mesure de cette œuvre, rédigée et parue en 1887. Moment réflexif tout autant qu'« écrit de combat » (le sous-titre), cet ouvrage dense, tout en tension, déroute. Original dans sa forme, il se compose de trois traités aussi incisifs que questionnants.

Sans aborder frontalement la perspective du surhumain, il s'inscrit contre le « nihilisme » (GM, I, § 12) ambiant dans la quête d'un type supérieur. L'homme pourrait bien être non pas « un but, mais seulement un chemin, un incident, un pont, une grande promesse » (II, § 16), si bien que sacrifier la masse à « une unique espèce d'homme *plus forte* […] *serait* un progrès » (II, § 12). Le préalable de cette opération est le renversement de toutes les valeurs, que Nietzsche développera plus précisément en 1888. En 1887, l'heure est encore au diagnostic médical : quelle santé nous procurent les valeurs dont nous sommes les héritiers ?

La préface définit la généalogie en ses deux étapes : l'enquête sur la provenance (*Herkunft*) des valeurs en tant que préférences progressivement et durablement incorporées (préface, § 2) puis le moment évaluatif qui estime la fécondité de ces valeurs (préface, § 3 et 6). Mais n'oublions pas « *Zur* [pour, vers, en vue de…] », présent dans le titre. Portée par un *Versuch* débuté plus tôt, dans lequel Nietzsche a, entre autres, parlé de « *préhistoire du bien et du mal* » (HTH, I, § 45) puis d'« histoire naturelle de la morale » (PBM, section V), la généalogie n'est pas figée.

À partir de recherches étymologiques, le premier traité – intitulé « "Bon et méchant [*Gut und Böse*]", "bon et mauvais [*Gut und Schlecht*]" » – distingue différentes provenances possibles pour les valeurs morales. Ce sont « les nobles, les puissants » qui s'arrogent « le droit de créer des valeurs » (I, § 2). En effet, la « caste des guerriers » déborde de puissance et valorise « la guerre, l'aventure » tandis que « la caste des prêtres », marquée par l'impuissance, cultive la haine (I, § 7). La première élabore les normes « bon et mauvais » ; la seconde, les normes « bon et méchant ». Nietzsche passe alors de l'examen de la « caste des prêtres » aux procédés selon lui typiques des esclaves : « Alors que toute morale noble procède d'un acquiescement triomphant à soi-même, la morale d'esclaves dit dès le départ non à un "à l'extérieur" » (I, § 10). Réactive (I, § 10 : « son action est fondamentalement réaction »), la morale d'esclaves perçoit les manifestations de la puissance du « bon » de la morale noble sur le mode du « ressentiment » (I, § 10-11). Par conséquent, c'est à partir de la faiblesse qu'elle produit des idéaux (I, § 14-15).

Il existe donc des morales, dont la valeur peut être diversement évaluée. Au vu de l'emprise morale des Juifs, considérés comme « le peuple sacerdotal du *ressentiment*, doué d'une génialité sans pareille en matière de morale populaire », Nietzsche indique que les normes « bon et méchant » ont pris le dessus dans l'histoire sur le couple « bon et mauvais », même si la confrontation se poursuit (I, § 16). Il place ainsi ses espoirs dans la figure du philosophe, qui a vocation à « résoudre le *problème de la valeur* », à « déterminer la *hiérarchie des valeurs* » (I, § 17).

Loin de prétendre fonder rationnellement « la » morale, l'entreprise généalogique interprète les notions morales à partir du dynamisme pulsionnel. Tel était déjà le cas du « sujet » dans le premier traité (I, § 13 affirme, contre l'isolement artificiel de l'agent, que « l'agir est tout ») et cette tendance se prolonge dans le deuxième, intitulé « "Faute", "mauvaise conscience" et phénomènes apparentés ». Tout d'abord, contre l'idée d'une conscience morale originaire, Nietzsche montre que c'est dans la douleur que l'homme a appris à promettre et donc à être tenu pour un être responsable (I, § 1-3). Est ensuite précisé comment la « conscience de la faute » ou « "mauvaise conscience" » (II, § 4) et le « devoir » (II, § 6) ont vu le jour. Ces notions sont dérivées « de la relation contractuelle entre *créancier* et *débiteur* » (II, § 4) car la pensée humaine résulte des échanges, l'homme étant défini comme l'être « qui évalue et mesure » (II, § 8). Rendue possible par l'instauration violente de la mémoire (II, § 5), cette relation contractuelle éclaire la logique du châtiment (II, § 3-15).

Nietzsche formule ensuite l'hypothèse majeure du deuxième traité : « Tous les instincts qui ne se déchargent pas vers l'extérieur *se tournent vers l'intérieur* » (II, § 16). L'activité générale de la volonté de puissance avait été décrite précédemment (II, § 12) ; elle se précise donc dans le cas de la mauvaise conscience (II, § 16-20) comme « *intériorisation* de l'homme » (II, § 16) susceptible d'aboutir à la « conscience d'avoir une dette envers la divinité » (II, § 20). En conclusion, le contre-idéal fourni par Zarathoustra est fortement valorisé (II, § 24-25).

Le troisième traité développe l'étude de la capacité de la volonté de puissance – d'emblée orientée vers l'expansion – à se retourner contre elle-même, d'où le passage de l'examen de la mauvaise conscience (second traité) à la considération du « prêtre ascétique » en lequel c'est plus largement la vie qui se contredit (III, § 11). Le paragraphe inaugural présente assez fidèlement la progression de ce troisième traité intitulé « Que signifient les idéaux ascétiques ? ». Les paragraphes subséquents établissent la pluralité de cette signification selon que l'investigation se penche sur les artistes

(§ 2-5), les philosophes (§ 6-10), les prêtres (§ 11-22), les scientifiques (§ 23-25) et les historiens (§ 26).

La figure du prêtre ascétique illustre de manière paroxystique l'hostilité à la vie marquée par le ressentiment (III, § 11), c'est-à-dire le nihilisme comme processus que l'athéisme commun ne fait que renforcer (III, § 27). Pourtant, si l'idéal ascétique procède d'une « *volonté de néant* », cette volonté « est et demeure une *volonté! …* » (III, § 28). Le nihilisme n'est donc pas une exception à la volonté de puissance. Ainsi, on comprend mieux pourquoi Nietzsche avait complété le titre et le sous-titre de son ouvrage avec la mention « Ajouté à *Par-delà bien et mal*, publié dernièrement, pour le compléter et l'éclairer ». *La généalogie de la morale* confirme en effet que le monde est « "volonté de puissance" et rien d'autre » (PBM, § 36). La volonté de puissance s'affirme, même par la négation.

LE CAS WAGNER

Dans cet ouvrage rédigé et paru en 1888, Nietzsche n'effectue pas un simple retour sur la relation complexe qu'il a pu nouer avec l'individu Richard Wagner. Le sous-titre, « Un problème pour musiciens », restreint manifestement le propos au domaine esthétique. Pourtant, la musique interagit avec la philosophie : « A-t-on remarqué que la musique rend l'esprit *libre*? […] que plus l'on devient philosophe, plus l'on devient musicien? » (CW, § 1). Plus précisément, conduit par le philosophe « médecin de la culture », *Le cas Wagner* dessine une généalogie de la modernité.

Nietzsche considère que « par le truchement de Wagner la modernité parle son langage le plus *intime* » (préface). Or, Wagner est un « décadent typique » (§ 5 et 7) qui « aggrave l'épuisement » (§ 5) de la culture dans laquelle il évolue. Nietzsche précise bien que Wagner ne produit pas la décadence mais en accélère « le tempo » (Second Post-scriptum). Suite à la lecture des *Essais de psychologie contemporaine* (1883) de Paul Bourget (1852-1935), la décadence – le terme français est utilisé – est en effet définie comme autonomie de la partie vis-à-vis du tout et, par extension, comme égalitarisme rebelle à l'organisation hiérarchisée (§ 7), bien dans l'esprit des « idées modernes ». Obsédé par le salut (*Erlösung*), Wagner est un fleuron de la morale chrétienne qui procède d'une « vie déclinante » (Épilogue). C'est en tablant sur l'« hyperexcitabilité de la machinerie nerveuse » (§ 5) qu'il œuvre au sublime à destination des masses (§ 6) alors que la musique de Bizet allège et « rend fécond » (§ 1). Si Wagner, assimilé à une « *névrose* », « a rendu la musique malade » (§ 5), l'injonction « *il faut méditerraniser la musique* » (§ 3) oriente vers la production d'une nouvelle santé.

La tâche est toutefois complexe car la modernité est menacée par la morale nihiliste, mue par « la vie *appauvrie*, la volonté d'en finir, la grande lassitude » (préface). Nietzsche rappelle cependant que « la morale des maîtres *affirme* aussi instinctivement que la morale chrétienne *nie* » (Épilogue). Il ajoute aussitôt que « l'homme moderne représente, biologiquement, une *contradiction des valeurs*, [...] il dit Oui et Non d'un seul et même souffle » (*ibid.*). L'œuvre de Wagner exhibe précisément cette contradiction de l'âme moderne, c'est en ce sens que « Wagner *résume* la modernité » (préface).

Mais si « le cas Wagner [*Der Fall Wagner*] » désigne un déclin de la culture, et même littéralement une chute

(*Fall*), il nous appartient de retourner celle-ci en une
« vie *ascendante* » (Épilogue), à partir du dépassement
de soi (*Selbstüberwindung* : préface). De ce point de vue,
la modernité peut être interprétée comme un tournant,
potentiellement porteur de promesse : « Rien à faire, il
faut commencer par être wagnérien… » (préface). Pour
mieux surmonter ensuite la décadence ?

CRÉPUSCULE DES IDOLES

Plusieurs lettres de Nietzsche précisent que ce livre,
rédigé en 1888 et publié en janvier 1889, a pour mission
d'introduire à sa philosophie. Cette présentation se
compose de onze sections très diverses, du regroupement
d'aphorismes brefs (section I : « Maximes et flèches »)
à des unités thématiques bien marquées (section II :
« Le problème de Socrate » ; section III : « La "raison"
en philosophie » ; etc.). Incontestablement, l'ouvrage
cherche à faire connaître certains jalons antérieurs du
chemin de pensée nietzschéen à un large public. Il n'est
pourtant pas purement récapitulatif.

Le titre fait allusion à l'opéra de Wagner intitulé
« Crépuscule des dieux » (1869-1874). Que sont alors
les « idoles » dont Nietzsche annonce le déclin ? Ce
sont les idéaux posés par une vie affaiblie : les idéaux
proprement chrétiens (CI, V) mais également les idéaux
forgés par la philosophie, des rationalités socratique
(CI, II) puis platonicienne (CI, IV) à une rationalité plus
générale (CI, III et VI), jusqu'aux « idées modernes »
qui valorisent l'égalité préconisée par Rousseau (CI, IX,
§ 48). Nietzsche déclare la guerre à l'ensemble de ces
« idoles », dans la perspective de la mise en œuvre du
renversement de toutes les valeurs (préface).

Le sous-titre de l'ouvrage, « Comment philosopher en maniant le marteau », renvoie à trois champs de signification, au moins. Le marteau peut être interprété comme la métaphore de la démolition : Moïse détruit l'idole, c'est-à-dire ce faux dieu qu'est le veau d'or construit par les Hébreux infidèles au vrai Dieu (*La Bible*, « L'exode », 32). Nietzsche utiliserait cette image violente pour la retourner contre les valeurs religieuses, jugées régressives. Le marteau n'est cependant pas qu'une arme car, dans l'économie de la généalogie, il permet d'« ausculter » les « idoles » (préface), c'est-à-dire de savoir si, consécutivement à une légère percussion, elles sonnent creux. Le marteau est alors l'instrument médical du philosophe-médecin soucieux de détecter la décadence dans la culture métaphoriquement assimilée à un corps. Par exemple, la section intitulée « Incursions d'un inactuel » débute par la présentation d'une liste d'imposteurs, qui égarent la culture au lieu de la vivifier (§ 1-6). Enfin, le marteau est l'outil du sculpteur, qui donne forme à la matière. Intitulée « Le marteau parle », la très courte dernière section reproduit un extrait d'*Ainsi parlait Zarathoustra* centré sur la dureté qu'exige la création. Par-delà la décadence, par-delà le nihilisme, un avenir fécond est à créer, à partir de la perspective axiologique induite par la pensée de l'éternel retour, d'où l'image du « marteau du retour ».

Crépuscule des idoles n'est donc pas un simple abrégé des œuvres précédentes mais un ouvrage préparatoire au renversement de toutes les valeurs. Ce renversement constitue néanmoins un « point d'interrogation » (préface) : détruire certaines idoles bien identifiées préserve-t-il à coup sûr de la construction de nouvelles idoles ? Comment créer de nouvelles valeurs *assurément* fécondes ? Loin de se réduire à un résumé de la philosophie de Nietzsche, comme si elle était close, *Crépuscule des idoles* est une étape du *Versuch* nietzschéen.

L'ANTÉCHRIST

Écrit en 1888, publié de manière posthume en 1895, cet ouvrage déconcerte immédiatement par sa violence. Au *Versuch* problématisant succèdent les attaques frontales, comme le souligne le sous-titre, « Imprécation [*Fluch*] contre le christianisme » (trad. modifiée). Dans ce livre, Nietzsche apparaît doublement comme « l'Antéchrist ». En premier lieu, contre le Christ, il montre que Jésus est un pâle affirmateur : si l'affirmation dionysiaque « ne sait pas séparer "faire non" et "dire oui" » (EH, IV, § 2), le supposé « sauveur » est incapable de s'opposer à l'adversité. Il aime l'ensemble du monde sans la moindre dureté (AC, § 35). Plus généralement, Nietzsche déclare la guerre au christianisme en général et fustige Paul, son fondateur avide de puissance (§ 42 et 58). Toutefois, indépendamment de la diatribe, philosopher en « Antéchrist » requiert la précision du philologue et du médecin (§ 47) : comme doctrine, le christianisme prétend parler en vérité or Nietzsche ne cesse de pointer son manque de rigueur philologique ; comme type physiologique, il est assimilé à une maladie. Alors que *Le cas Wagner* propose une généalogie de la modernité, *L'Antéchrist* construit donc une généalogie du christianisme.

Les premiers paragraphes sont introductifs. Il est tout d'abord rappelé que la modernité rend malade, et que l'homme moderne ne sait vers quoi s'orienter (§ 1). Au nom de la logique d'intensification de la puissance, le christianisme comme compassion (*Mitleiden*) « pour tous les ratés et les faibles » (§ 2) est ensuite discrédité. Dès lors, quel homme élever (*züchten*) afin de se détourner du chrétien en tant qu'« animal malade » (§ 3) ? Comment faire advenir « une sorte de surhumain » (§ 4) ? Le christianisme a pris parti pour la faiblesse (§ 5), il a promu les « valeurs de *décadence* » (§ 6) qui privilégient la régression à la croissance. Ses valeurs sont des « valeurs *nihilistes* » (§ 6).

Philologue, le philosophe « Antéchrist » insiste sur la valeur des méthodes de lecture réellement rigoureuses (§ 13 et 59). Or, le christianisme s'est radicalement détourné de l'« art de bien lire » (§ 52 et 59), autrement dit de la lecture conduite avec probité (*Rechtschaffenheit* : § 59). Alors que la philologie réclame de « savoir déchiffrer des faits [*Thatsachen*], *sans* les fausser par l'interprétation [*Interpretation*], *sans* perdre, dans l'exigence de comprendre, la prudence, la patience, la finesse » (§ 52), le christianisme est mû par « la haine instinctive *contre* toute réalité » si bien que l'erreur (*Irrthum*) est constitutive de sa nature (§ 39). Contre l'« instinct de théologien » (§ 9), Nietzsche valorise « le service de la vérité » (§ 50). Il réhabilite ainsi les faits (*Thatsachen* : § 59), la causalité et donc la science (§ 49).

Médecin, le philosophe « Antéchrist » détecte dans la compassion, tenue pour la vertu spécifiquement chrétienne, un état dépressif du corps. La compassion provient de la décadence, qu'elle accroît. Elle oriente vers le nihilisme (§ 7). Cette interprétation s'inscrit dans une enquête généalogique. Ainsi, dans *L'Antéchrist*, la provenance des valeurs chrétiennes est attribuée à la décadence ; dans la mesure où elles se détournent de « la loi de la *sélection* » (§ 7), ces valeurs nient la vie. Plus précisément, en tant qu'affaiblissement qui empêche de se tenir à la réalité, la décadence crée un monde imaginaire (§ 15) qui, malgré son apparence de densité, valorise le néant (*Nichts*) : « On ne dit pas "néant" : à la place, on dit "au-delà"; ou "Dieu"; ou "la vraie vie" » (§ 7). En définitive, dans l'« instinct de théologien », « la volonté *nihiliste* veut la puissance » (§ 9). Pour ce faire, elle recourt paradoxalement à la foi (*Glaube*). En effet, maladie (§ 51), raison (*Vernunft*) « perturbée » (§ 41) ou « malade » (§ 37 et 52), le christianisme propage la foi comme « *refus*-de-savoir ce qui est vrai » (§ 52). Alors que « Zarathoustra est un sceptique », le croyant, c'est-à-dire l'homme de conviction « a la foi pour épine dorsale » (§ 54). La conviction se définit comme mensonge (*Lüge*) au sens de « *refuser* de voir ce qu'on voit, refuser de voir quelque chose *comme* on le voit » (§ 55). Dans la perspective chrétienne, ce mensonge n'est pas au service de l'épanouissement de la vie, autrement dit de la santé (§ 55-58) : « Nihilisme et christianisme : cela rime, et cela ne fait pas que rimer… » (§ 58).

Au terme du parcours, le dernier paragraphe répond au premier : vers quoi s'orienter (§ 1)? Vers le renversement de toutes les valeurs (§ 62), condition de l'élevage d'un type d'homme supérieur, conformément à la valorisation de la hiérarchie, contre la sacralisation de l'égalité (§ 57). C'est pourquoi, même si sa conclusion est de la plus grande fermeté (§ 62 : « Je *condamne* le christianisme »), même s'il contient un appendice brutal intitulé « Loi contre le christianisme », *L'Antéchrist* ne se résume pas à une simple « imprécation ». Cet ouvrage virulent n'est pas qu'un brûlot antichrétien : il prolonge le *Versuch* nietzschéen qui réclame désormais le développement de son versant pratique, d'où la nécessité d'éclaircir le renversement de toutes les valeurs.

ECCE HOMO

Nietzsche se présente lui-même dans ce livre, écrit en 1888 et publié de manière posthume en 1908. Le titre renvoie à la formule utilisée par Ponce Pilate, « voici l'homme! », lorsqu'il livra le Christ aux Juifs (*La Bible*, Évangile selon Jean, 19 : 5). Allusion parodique, car Nietzsche se définit comme « disciple du philosophe Dionysos » (CI, X, § 5 ; EH, Avant-propos, § 2) or les derniers mots de l'ouvrage récapitulent l'alternative face à laquelle se trouve la civilisation : « *Dionysos contre le crucifié* » (EH, IV, § 9).

Si *L'Antéchrist* montre que, dans le christianisme, la décadence produit le nihilisme, *Ecce homo* précise qu'elle peut se surmonter et réorienter vers l'intensification de la puissance. En la personne du Christ, « le type psychologique du sauveur » (AC, § 29) consiste, on s'en souvient, en une affirmation faible (AC, § 35). Et si Nietzsche était un « sauveur » atypique, capable de guérir le monde de cette maladie qu'est le christianisme – comme doctrine religieuse et, par extension, comme aspiration morale à l'égalité – précisément parce qu'il est parvenu à la surmonter en lui-même ? En ce sens, « Comment on devient ce que l'on est » (formule de Pindare qui sert de sous-titre au livre) dessine une espérance non religieuse : Nietzsche ne se perçoit comme un destin (*Schicksal*) pour l'humanité que parce qu'il est progressivement devenu la possibilité d'un tournant. En lui, la décadence s'est infléchie et *Ecce homo* tient à le faire savoir : « Prévoyant qu'il me faudra sous peu adresser à l'humanité le plus grave défi qu'elle ait jamais reçu, il me paraît indispensable de dire *qui je suis* » (EH, Avant-propos, § 1). L'ensemble du livre montre que Nietzsche est l'individu qui peut donner la première impulsion à ce vaste processus qu'est le renversement de toutes les valeurs.

L'ouvrage comporte quatre sections. Dans la première, « Pourquoi je suis si sage », Nietzsche insiste sur la complexité de sa propre configuration pulsionnelle : « Indépendamment du fait que je suis un *décadent*, j'en suis également l'opposé » (I, § 2). En lutte contre la simple juxtaposition permanente d'états corporels opposés, typique de la décadence, « la volonté de santé » (I, § 2) est, en lui, parvenue à dompter la maladie. C'est pourquoi Nietzsche se définit comme « à la fois un *décadent* et un *commencement* » (I, § 1). Capable d'examen à partir de la maladie comme de la santé, il sait parfaitement « *renverser les perspectives* », condition requise selon lui pour enclencher un renversement de toutes les valeurs (I, § 1).

« Pourquoi je suis si sagace », deuxième section, envisage le « "salut de l'humanité" » (II, § 1) de manière non religieuse. Pour parvenir à la santé, comment s'alimenter (II, § 1) ? Dans quel lieu vivre, sous quel climat (II, § 2) ? À quels délassements régénérants s'adonner (II, § 3-7) ? Par-delà le péché originel, ces « petites choses » (II, § 10) invitent à une affirmation de soi fortifiante (*Selbstsucht* : II, § 9-10). Contre la décadence comme primauté de la désorganisation (CW, § 7), Nietzsche s'estime à même d'entreprendre un renversement des valeurs dans la mesure où une « hiérarchie des facultés » est petit à petit advenue en lui (EH, II, § 9).

La troisième section, « Pourquoi j'écris de si bons livres », peut être subdivisée en deux parties. La première (III, § 1-6) permet notamment de brosser le portrait du « lecteur parfait » (III, § 3) et de définir le style (III,

§ 4). Largement développée, la deuxième consiste en une présentation/interprétation des œuvres antérieures, de *La naissance de la tragédie* jusqu'au *Cas Wagner*. Ponctuellement, à propos d'*Humain, trop humain* (III, « HTH », § 6), d'*Aurore* (III, « A », § 1), de *Par-delà bien et mal* (III, « PBM », § 1) et de la *Généalogie de la morale* (III, « GM »), Nietzsche réinterprète son parcours à la lumière du renversement de toutes les valeurs (CI, X, 5 affirme de manière complémentaire : « la "Naissance de la tragédie" fut ma première inversion de toutes les valeurs »).

La quatrième section, « Pourquoi je suis un destin », définit ce renversement comme « acte [*Akt*] de suprême retour sur soi de l'humanité, acte qui en moi [Nietzsche] s'est fait chair et génie » (IV, § 1). Le renversement de toutes les valeurs n'est donc pas un programme constitué qui déboucherait sur une liste de nouvelles valeurs prêtes à l'emploi. Ce renversement à venir a pour condition initiale une configuration pulsionnelle idiosyncrasique, celle de l'individu Nietzsche, « le premier *immoraliste* » (IV, § 2). L'ensemble de cette dernière section précise alors ce que signifie « immoraliste ». Si ce terme désigne en premier lieu un « *destructeur* » (IV, § 2) des valeurs décadentes (IV, § 4), il renvoie ensuite à celui qui est capable de s'élever au-dessus de la morale chrétienne (IV, § 6) et qui est ainsi capable de la surmonter sans ressentiment.

Le renversement de toutes les valeurs présuppose la santé du corps capable d'affirmation féconde. Ce « oui » à la réalité ne se réduit pas au « *fatalisme russe*, ce fatalisme sans révolte » (I, § 6). Il accueille la possibilité de la guerre, sans haine (I, § 7). De même, Nietzsche célèbre l'*amor fati* (II, § 10) *et* revendique le qualificatif d'« *Antéchrist* » (III, § 2). Plus précisément, l'affirmation féconde s'efforce d'articuler le « oui » et le « non » : « Une fois résolue la partie de cette tâche qui consistait à dire oui, restait celle de dire non, de *faire non* » (III, « PBM », § 1). Telle est l'affirmation dionysiaque (III, « NT », § 3 ; IV, § 2), porteuse du processus de renversement de toutes les valeurs.

Ecce homo est donc bien plus qu'une autobiographie d'un narcissisme exubérant. Nietzsche s'y pense comme site initial d'une « crise » à venir (IV, § 1) à partir de laquelle une nouvelle grandeur sera possible. Ce renversement de toutes les valeurs, moment pratique du *Versuch* nietzschéen, soulève encore des questions.

Signifie-t-il une phase que l'on pourrait considérer comme un « passage à l'acte », c'est-à-dire la simple application, par les populations, de prescriptions édictées par ces créateurs de valeurs qu'ont à être les « philosophes *nouveaux* » ? À cette hypothèse, on peut opposer que les valeurs s'incorporent dans la durée, ce qui renvoie au problème de l'orientation à donner à l'élevage (*Züchtung*).

Lors de sa mise en œuvre, le renversement de toutes les valeurs sera-t-il encore ouvert à la problématisation ? Autrement dit, « incorporation » et « esprit libre » peuvent-ils aller de pair ? En quels types ou idiosyncrasies ?

La brutale interruption de l'œuvre de Nietzsche consécutive de l'effondrement du début janvier 1889 ne permet pas de répondre avec assurance.

Les deux derniers ouvrages sont respectivement consacrés à l'art et à Dionysos, ces pièces maîtresses de la philosophie de Nietzsche.

NIETZSCHE CONTRE WAGNER

Nietzsche a préparé cet opuscule en 1888 mais il a hésité à le faire paraître. La lettre du 2 janvier 1889 à l'éditeur Naumann incite d'ailleurs à penser qu'il avait renoncé. Antérieurement, Nietzsche soulignait pourtant sa volonté de publier un appendice au *Cas Wagner* (deuxième lettre à Avenarius du 10 décembre 1888). L'ouvrage est finalement publié de manière posthume, de manière confidentielle en 1889 puis plus largement en 1895.

À première vue, l'ensemble se résume à une sélection de paragraphes extraits de livres précédents (HTH, II ; GS, etc.) dans lesquels Nietzsche revient une fois encore sur les méandres de sa confrontation philosophique avec l'ami perdu. Toutefois, l'ouvrage ne constitue pas une simple reprise : Nietzsche a ajouté de nouveaux titres à ces paragraphes et les a plus ou moins retravaillés. De surcroît, cette sélection ne mentionne pas systématiquement Wagner. Elle traite principalement de Nietzsche et plus largement de reconquête de la santé susceptible d'ouvrir à la création la plus féconde.

Le sous-titre, « Pièces à conviction d'un psychologue », ne doit pas égarer. Le lexique de la physiologie est également utilisé : « Mes objections contre la musique de Wagner sont des objections physiologiques : pourquoi se mettre encore à les déguiser sous des formules esthétiques ? L'esthétique n'est en vérité rien d'autre qu'une physiologie appliquée » (NCW, « Où je fais des objections »; ce paragraphe prolonge GS, § 368). Psychologie et physiologie ne signifient pas des contraires : en médecin-généalogiste, Nietzsche propose une enquête physio-psychologique reliée à l'hypothèse de la volonté de puissance.

Dans la perspective de la santé du corps, l'apport du § 370 du *Gai savoir* est ainsi rappelé : l'art et la philosophie peuvent remédier à la souffrance. L'analyse généalogique précise que les configurations pulsionnelles qui souffrent d'« *appauvrissement de la vie* » trouveront dans l'art et la philosophie la paix escomptée ; celles qui souffrent d'une « *surabondance* » de vie s'orienteront vers l'art dionysiaque et une vision tragique de la vie (GS, § 370 ; NCW, « Nous autres antipodes »). C'est donc en « débordant » que l'on crée de manière féconde.

Au début de son chemin de pensée, Nietzsche voyait en Wagner un guide possible pour une renaissance de la tragédie et de la germanité (NT, préface à Richard Wagner et § 16). *Nietzsche contre Wagner* désespère de Wagner et des Allemands. Reste l'art. Nietzsche termine alors cet écrit par un rappel de la préface du *Gai savoir*, afin de célébrer la perspective artistique grecque : superficiels « *par profondeur* », les Grecs, doués pour l'intensification de l'existence, savaient valoriser l'apparence contre l'obsession de la vérité (GS, préface, § 4 ; NCW, Épilogue, § 2).

DITHYRAMBES DE DIONYSOS

Dithyrambes de Dionysos est le dernier livre que Nietzsche a préparé, de la fin 1888 au tout début janvier 1889, avant de sombrer dans la folie. Il est composé de neuf poèmes – rédigés pour la plupart dans la période d'*Ainsi parlait Zarathoustra* – et paraît en 1891, en annexe de la publication de la quatrième partie d'*Ainsi parlait Zarathoustra*.

Enfant, Nietzsche s'essayait déjà à la poésie. Il insère ensuite çà et là des poèmes dans ses ouvrages

philosophiques, soit de manière isolée – par exemple :
HTH, I, Épilogue –, soit dans des sections bien
délimitées – on peut rappeler que, avec « "Plaisanterie,
ruse et vengeance". Prélude en rimes allemandes » puis
« Chansons du Prince Vogelfrei », *Le gai savoir* débute et
se termine par des poèmes. Dans la mesure où six des huit
poèmes qui constituent les *Idylles de Messine* – publié
en 1882 en revue – ont intégré « "Plaisanterie, ruse et
vengeance" », on peut considérer que *Dithyrambes de
Dionysos* est le seul ouvrage indépendant exclusivement
poétique de Nietzsche.

La poésie est une modalité du « nouveau langage »,
qui, au moyen de la figure de Dionysos, tente de préciser
les contours de l'élévation de la réalité. En 1888, le
Crépuscule des idoles s'efforce d'envisager Dionysos
conceptuellement : « Pour qu'existe le plaisir de créer,
pour que la volonté de vie s'acquiesce éternellement elle-
même, il faut qu'existe éternellement aussi le "tourment
de la parturiente"… C'est tout cela que signifie le mot
Dionysos » (CI, X, § 4). *Ecce homo* prolonge l'entreprise
en définissant « *le concept même de Dionysos* » à partir du
« personnage de Zarathoustra » qui, « dans l'accès qui lui
est ouvert aux réalités les plus opposées », « sent qu'il est
la *forme suprême de tout ce qui est* » (EH, III, « APZ »,
§ 6). Dionysos est également abordé fréquemment à
partir de Zarathoustra dans les *Dithyrambes de Dionysos*,
comme si cette divinité mystérieuse confrontait à une
forme d'ineffable, qui inviterait à l'envisager « en
creux ». Toutefois, lorsqu'il prend directement la parole,
Dionysos se présente comme le « *labyrinthe* » d'Ariane
(DD, « Lamentation d'Ariane) : ultime métaphore de la
réalité comme *Versuch* interprétatif ?

BIBLIOGRAPHIE

ŒUVRES ET CORRESPONDANCE DE NIETZSCHE

L'édition scientifique des œuvres et de la correspondance de Nietzsche a été établie par Giorgio Colli et Mazzino Montinari.

En langue allemande

Œuvres : livres publiés, textes divers et fragments posthumes

NIETZSCHE Friedrich, *Werke. Kritische Gesamtausgabe*, Berlin-New York, De Gruyter, 1967 *sq.* (abréviation : KGW).

Cette édition a été reproduite en « poche », légèrement écourtée :
– *Sämtliche Werke, kritische Studienausgabe*, Münich-Berlin-New York, Deutscher Taschenbuch Verlag-De Gruyter, 1980, 1988 et 1999 ; 15 volumes (abréviation : KSA).

Correspondance

NIETZSCHE Friedrich, *Briefwechsel. Kritische Gesamtausgabe*, Begründet von G. Colli & M. Montinari, Berlin-New York, De Gruyter, 1975 *sq.* (abréviation : KGB).

Version « poche », ne comportant que les lettres de Nietzsche :
– *Sämtliche Briefe. Kritische Studienausgabe*, herausgegeben von G. Colli und M. Montinari, Deutscher Taschenbuch Verlag-De Gruyter, Münich-Berlin-New York, 1986, rééd. 2003, 8 volumes (abréviation : KSB).

Édition électronique des œuvres et de la correspondance

NIETZSCHE Friedrich, *Digitale Kritische Gesamtausgabe. Werke und Briefe*, P. D'Iorio (éd.). Cette édition en ligne a été produite à partir de la KGW et de la KGB.

Traductions françaises

Œuvres : livres publiés, textes divers et fragments posthumes

Les œuvres de Nietzsche sont citées dans le présent ouvrage d'après les traductions françaises de l'édition Colli-Montinari effectuées sous la responsabilité de Gilles Deleuze et Maurice de Gandillac :

NIETZSCHE Friedrich, *Œuvres philosophiques complètes*, Paris, Gallimard, 1968-1997 (18 volumes).

Nous utilisons néanmoins les nouvelles traductions suivantes :

– *Ainsi parlait Zarathoustra*, trad. fr. G.-A. Goldschmidt, Paris, Librairie Générale Française, 1972.
– *L'Antéchrist*, trad. fr. É. Blondel, Paris, GF-Flammarion, 1994.
– *Le cas Wagner*, trad. fr. É. Blondel, suivi du *Crépuscule des idoles*, trad. fr. P. Wotling, Paris, GF-Flammarion, 2005.
– *Ecce homo*, trad. fr. J.-C. Hémery revue par D. Astor, « Folio bilingue », Paris, Gallimard, 2012.
– *Éléments pour la généalogie de la morale*, trad. fr. P. Wotling, Paris, Librairie Générale Française, 2000.
– *Le gai savoir*, trad. fr. P. Wotling, Paris, GF-Flammarion, 1997.
– *La naissance de la tragédie*, trad. fr. P. Wotling, Paris, Librairie Générale Française, 2013.
– *Nietzsche contre Wagner*, trad. fr. É. Blondel, Paris, GF-Flammarion, 1992.

– *Par-delà bien et mal*, trad. fr. P. Wotling, Paris, GF-Flammarion, 2000.

À cette liste, on peut adjoindre :
NIETZSCHE Friedrich, *Écrits autobiographiques, 1856-1869*, trad. fr. M. Crépon, « Épiméthée », Paris, P.U.F., 1994.

Ce volume contient également *Fatum et histoire* ainsi que *Liberté de la volonté et fatum*, trad. fr. M. Marcuzzi. Ces écrits autobiographiques et ces deux brefs essais ne sont pas traduits dans la grande édition Gallimard.

Correspondance

Sous l'autorité de Maurice de Gandillac puis de Jean Lacoste, les lettres de Nietzsche sont en cours de traduction en langue française :
NIETZSCHE Friedrich, *Correspondance*, Paris, Gallimard.

De 1986 à 2019, cinq tomes ont paru ; ils regroupent les lettres des années 1850 à 1886. On trouve cependant des traductions en français de la correspondance de Nietzsche pour la dernière période de sa vie dans d'autres éditions.

OUTILS DE TRAVAIL

Biographies

ASTOR Dorian, *Nietzsche*, « Folio Biographies », Paris, Gallimard, 2011.
JANZ Curt Paul, *Nietzsche. Biographie* (3 vol.), trad. fr. M. de Launay, V. Queuniet, P. Rusch, M. Ulubeyan, M. Vallois, Paris, Gallimard, 1984-1985.

Lexiques

ASTOR Dorian (dir.), *Dictionnaire Nietzsche*, « Bouquins », Paris, Robert Laffont, 2017.

DENAT Céline et WOTLING Patrick, *Dictionnaire Nietzsche*, Paris, Ellipses, 2013.

SCHANK Gerd, SIEMENS Herman, VAN TONGEREN Paul (dir.), *Nietzsche-Wörterbuch*, Band 1, Berlin-New York, De Gruyter, 2004.

Introductions à la lecture de l'œuvre ; commentaires généraux

Pour démarrer

DENAT Céline, *Nietzsche. Généalogie d'une pensée*, Paris, Belin, 2016.

SALANSKIS Emmanuel, *Nietzsche*, Paris, Les Belles Lettres, 2015.

WOTLING Patrick, *Nietzsche*, « Idées reçues », Paris, Le cavalier bleu, 2009.

Pour prolonger

Les articles spécialisés étant pléthoriques, nous restreignons la liste aux principaux commentaires qui proposent une vue d'ensemble de la pensée de Nietzsche (il s'agit d'une sélection car les ouvrages de ce type sont eux-mêmes foisonnants) :

ASTOR Dorian, *Nietzsche. La détresse du présent*, « Folio Essais », Paris, Gallimard, 2014.

BALAUDÉ Jean-François et WOTLING Patrick (dir.), *Lectures de Nietzsche*, Paris, Librairie Générale Française, 2000.

— *« L'art de bien lire ». Nietzsche et la philologie*, Paris, Vrin, 2012.

BINOCHE Bertrand et SOROSINA Arnaud (dir.), *Les historicités de Nietzsche*, Paris, Publications de la Sorbonne, 2016.

BLONDEL Éric, *Nietzsche, le corps et la culture*, Paris, P.U.F., 1986, rééd. L'Harmattan, 2006.

COLLI Giorgio, *Après Nietzsche*, trad. fr. P. Gabellone, Montpellier, L'Éclat, 1987.

– *Écrits sur Nietzsche*, trad. fr. P. Farazzi, Montpellier, L'Éclat, 1996.

DIXSAUT Monique, *Nietzsche. Par-delà les antinomies*, Chatou, La Transparence, 2006 ; 2ᵉ éd., Paris, Vrin, 2012.

– *Platon-Nietzsche. L'autre manière de philosopher*, Paris, Fayard, 2015.

GRANIER Jean, *Le problème de la vérité dans la philosophie de Nietzsche*, Paris, Seuil, 1966.

KAUFMANN Walter A., *Nietzsche, Philosopher, Psychologist, Antichrist*, Princeton, Princeton University Press, 1950, rééd. 1974.

MARTON Scarlett, *Nietzsche. Das forças cósmicas aos valores humanos*, São Paulo, 1990, rééd. Belo Horizonte, UFMG, 2010.

MONTINARI Mazzino, *« La volonté de puissance » n'existe pas*, trad. fr. P. Farazzi et M. Valensi, Montpellier, L'Éclat, 1996.

– *Friedrich Nietzsche*, trad. fr. P. D'Iorio et N. Ferrand, Paris, P.U.F., 2001.

MÜLLER-LAUTER Wolfgang, *Nietzsche, seine Philosophie der Gegensätze und die Gegensätze seiner Philosophie*, Berlin-New York, De Gruyter, 1971.

– *Über Werden und Wille zur Macht. Nietzsche-Interpretationen I*, Berlin-New York, De Gruyter, 1999.

– *Über Freiheit und Chaos. Nietzsche-Interpretationen II*, Berlin-New York, De Gruyter, 1999.

– *Nietzsche. Physiologie de la volonté de puissance*, trad. fr. J. Champeaux, Paris, Allia, 1998.

NEHAMAS Alexander, *Nietzsche, la vie comme littérature*, trad. fr. V. Béghain, Paris, P.U.F., 1994.

PIAZZESI Chiara, *Nietzsche*, Rome, Carocci, 2015.

SCHACHT Richard, *Nietzsche*, Londres, Routledge-Kegan Paul, 1983.

STANGUENNEC André, *Le questionnement moral de Nietzsche*, Villeneuve d'Ascq, Presses Universitaires du Septentrion, 2005.

WOTLING Patrick, *Nietzsche et le problème de la civilisation*, Paris, P.U.F., 1995 ; « Quadrige », rééd. P.U.F., 2012.

— *La pensée du sous-sol*, Paris, Allia, 1999.

— *La philosophie de l'esprit libre. Introduction à Nietzsche*, Paris, Flammarion, 2008.

— *« Oui, l'homme fut un essai ». La philosophie de l'avenir selon Nietzsche*, Paris, P.U.F., 2016.

TABLE DES MATIÈRES

Achevé d'imprimer en septembre 2019
La Manufacture - Imprimeur – 52200 Langres – Tél. : (33) 325 845 892
Imprimé en France – N° : 191375 – Dépôt légal : octobre 2019